Hermann Hesse
Lektüre für Minuten

Gedanken aus
seinen Büchern und Briefen

Neue Folge
herausgegeben von
Volker Michels

Suhrkamp

suhrkamp taschenbuch 240
Erste Auflage 1975

Satz: IBV Lichtsatz KG, Berlin
Druck: Ebner, Ulm · Printed in Germany
Umschlag nach Entwürfen von Willy Fleckhaus und Rolf Staudt

Inhalt

Politisches 7
Gesellschaft und Individuum 43
Aufgaben des Einzelnen 63
Bildung, Schule, Erziehung 79
Religion und Kirche 87
Wissen und Bewußtsein 111
Lesen und Bücher 123
Wirklichkeit und Imagination 135
Kunst und Künstler 145
Glück 179
Liebe 183
Tod 191
Jugend und Alter 197

Editorische Notiz 204
Quellenangabe 207
Zeittafel 209

Politisches

Das Fundament einer kommenden Ordnung wird genauso groß sein wie die Opfer, die wir *heute* bringen. (1)

*

Den Staatsmann, welcher heute noch Weltpolitik treiben will aus rein national-eigensüchtigen Programmen heraus, der den Ruf der Menschheit auch jetzt noch nicht vernommen hat, setzen wir ihn doch lieber heute schon vor die Tür als erst, wenn noch mehr Millionen für seine Dummheit geblutet haben werden! (2)

*

Die ganze Welt ist militant und gerüstet und zum Einsperren oder Totschlagen der Gegner bereit – nur wenn irgendwo einer von Verträglichkeit, Duldung und Brüderlichkeit spricht, hat er sofort alle Fronten der Welt gegen sich, vom amerikanischen Kapitalismus bis zu Stalin, vom protestantischen Pfaffen bis zum katholischen. Es ist nichts Neues. (3)

*

Züchtung von Kriegsangst ist ein alter Kniff der Leute, für die der Krieg Geschäft und Gewinn bedeutet. (4)

*

Die Kriege werden gemacht von Leuten, denen das Leben anderer gleichgültig ist. Sie machen ihre Kriege mit der Habe, dem Blut und Leben anderer, und was wir dazu denken und dabei leiden, ist ihnen einerlei. (5)

*

Es gehört zum Stigma der Kriegszeiten, daß sie alles Private verächtlich machen und gleichzeitig den Menschen, je mehr sie entbehren müssen, desto deutlicher zeigt, wie kahl und dürr ein Leben ohne dies Private ist. (6)

*

Wenn ein General oder Diktator einmal einen Moment beim Verdauen nachdenklich wird, so stellt sich ihm zur Verherrlichung seines Tuns gleich die ganze falsche Pracht der Geschichtsphilosophie zur Verfügung. (7)

*

Ich bin weit von aller Geschichtsphilosophie abgerückt und hüte mich, im einzelnen den Kriegen und anderen Greueln einen »Sinn« zu geben. Aber ich glaube nach wie vor an den Menschen, d. h. daran, daß er ebenso des Guten wie des Schlimmen fähig ist und daß er aus allen Verzerrungen der Rückkehr zur Vernunft und Güte fähig ist. (8)

*

Erkennt den Krieg nicht als von außen, sondern von

euch selbst geschaffen und gewollt, so habt ihr den Weg zum Frieden vor euch. (9)

*

Auch in früheren, scheinbar besseren Zeiten haben die Mächte der Gier und der Dummheit in der Weltgeschichte mehr mitgespielt, als die meisten Historiker zugeben. (10)

*

Es ist unheimlich, wie genau die moralischen Gesetze der Geschichte funktionieren. Eine unanständige Machtfülle verdirbt die Menschen unfehlbar. (11)

*

Die Welt erstickt an der Herzlosigkeit und Naturlosigkeit derer, von denen sie regiert wird. (12)

*

Es leben in jeder Nation einige wirkliche Menschen, die entweder mit der Natur oder mit dem Geist zu innig befreundet sind, um noch national denken zu können. In dieser winzigen Minorität lebe ich. (13)

*

Von den Tausenden, dic im Sommcr 1914 dcn großcn Rausch erlebt haben, wird unsereiner, weil er kühl blieb, angezweifelt, ja gehaßt. Unsereiner konnte den Rausch nicht teilen, weil ihm das Leben in überpersönlicher Gemeinschaft (das jene damals zum erstenmal als Ungeheures erlebten) längst nicht mehr neu war. Die trübe Flamme des Patriotismus aber ist an sich schätzbar, gut und edel. Sie ist gleich der ersten Liebe, ein aufrüttelndes und seelenweckendes Erlebnis. Wer darin steckenbleibt, verarmt. Er muß aber nicht stehen bleiben, es kann ihm auch der Patriotismus (eine infantile Liebesform) Vorstufe und Vorhof zum Gedanken der Menschlichkeit werden. (14)

*

Mit Nationalismus bezeichne ich die Stufe des nationalen Selbstbewußtseins, auf der der Gedanke der Brüderschaft aller Menschen in Gefahr ist, vom Patriotismus überwältigt zu werden. (15)

*

Die Freude am Heroismus ist nach meinem Gefühl nur denen erlaubt, die selber ihr Leben wagen, bei den andern ist sie eine Betörung und wohl auch eine Gemütsroheit, die mich beschämt und ärgert. (16)

*

Alle heroischen Forderungen sind Verdrängungen. (17)

*

Von den verschiedenen Heiligtümern, auf die der Mensch seinen Egoismus verklärend abwälzen kann (sich einredend, er sublimiere ihn damit), halte ich die nationalistisch-patriotischen Begriffe für die wenigst hohen: Nationalismus als Religion oder Religionsersatz scheint mir gut für religiös unbegabte Völker, für andere ein Abfall ins Niedrigere. (18)

*

Der Europäer benahm sich der Welt gegenüber stets etwa so wie Preußen Europa gegenüber, er war der Preuße der Welt. (19)

*

Der Gedanke, Europa als ideale Zukunftseinheit könne etwa eine Vorstufe zu einer geeinigten Menschheit bedeuten, wird, wie jeder Kosmopolitismus, zur Zeit schroff abgelehnt und ins Reich der poetischen Träume verwiesen. Ich bin damit einverstanden, aber ich halte viel von poetischen Träumen, und ich halte den Gedanken einer Einheit der gesamten Menschheit durchaus nicht nur für den holden Traum einiger schöner Geister, wie Goethe, Herder, Schiller, sondern für ein seelisches Erlebnis, also für das Realste, was es geben kann. Dieser Gedanke ist ja auch die Grundlage unseres ganzen religiösen Fühlens und Denkens. Jede höhere und lebensfähige Religion, jede künstlerisch-schöpferische Weltanschauung hat als einen ihrer ersten Grundsätze die Überzeugung von der Würde und geistigen Bestimmung des Menschen. (20)

*

Was die Stellung des Menschen zum Politischen betrifft, so ist nach meiner Meinung der Staatsbeamte, der »von Politik nichts wissen will«, ein Schmarotzer, und der Soldat, der ein Land verwüstet und täglich auf Menschen schießt und dabei lediglich an Heldentum und Soldatenehre, nie aber an das vergossene Blut und die zerstörten Städte denkt, ein gefährlicher Kindskopf. Die meisten Beamten und Soldaten sind und denken so und haben einander wenig vorzuwerfen. (21)

*

Mir ist ein bekehrter Enthusiast, der zuerst mit Leidenschaft Patriot und Krieger war und jetzt mit neuer Leidenschaft Revolutionär und Internationalist ist, weit lieber als der, der dem einen wie dem andern lau und in gemessener Gleichgültigkeit zugeschaut hat. (22)

*

Verzweiflung ist besser als die dumpfe Angst des Bürgers, welcher erst dann zum Heldentum greift, wenn er seinen Geldbeutel bedroht sieht. (23)

*

Alles Geld ist gestohlen, alle Habe ist ungerecht. (24)

*

Eine Anklage wird niemals dadurch nichtig, daß sie sich nicht juristisch beweisen läßt. (25)

*

Ich bin immer für die Unterdrückten gegen die Unterdrücker, für den Angeklagten gegen die Richter, für die Hungernden gegen die Fresser gewesen. (26)

*

Ich bin in meinem Denken weit mehr Sozialist als etwa der gesamte Stab des »Vorwärts« (seit 1914 nannte ich ihn stets »Rückwärts«), ich bin es im Sinne eines Menschen etwa wie [Gustav] Landauer. Ich glaube auch, mein Volk mehr zu kennen, es mehr zu lieben und mehr für es zu arbeiten, als irgendein Parteipolitiker im ganzen Reich es tut. (27)

*

Daß die Welle von Osten dieselben Terrormethoden mitbringt wie vorher die nationalbolschewistische, ist irrelevant. Kommunismus ist Gegenspieler und Entsprechung zum Gegenteil: hätte der altgewordene Kapitalismus die Kraft gehabt, seine Krise zu bestehen und Gemeinschaft zu bilden, so wäre dem Gegenspieler die Luft ausgegangen. (28)

*

Das, was in der Welt vorgeht, ist eine der letzten Etappen im Zusammenbruch der kapitalistischen Wirtschaft, die ihre Blüte und ihren Sinn überlebt hat und nun eben Neuem Platz macht. Wahrscheinlich ist das Neue der Kommunismus, der an sich mir nicht unsympathisch ist. Wenn man von heut auf morgen Eigentum und Erbrecht in allen Ländern abschaffen würde und wenn die 90% der Menschheit, die heute hungern, nicht mehr von den 10% der Satten regiert würden, so wäre das ja nur schön. (29)

*

Ich selber bin, aus guten Gründen, weder »bürgerlich« noch Sozialist, obgleich ich, rein politisch betrachtet, den Sozialismus für die einzig anständige Gesinnung halte... ich halte diese Weltanschauung für genauso anfechtbar wie jede andre, aber beim heutigen Stand der Dinge ist eben doch der Sozialismus die einzige Lehre, die an den Grundlagen unserer falschen Gesellschaft und Lebensweise wenigstens ernstlich Kritik übt. (30)

*

Ich bin keine revolutionäre Natur, weiß Gott nicht, aber wenn schon Revolution und Machtkampf, dann auch durchführen und Ernst machen. Und daß der deutsche Kommunismus heute keinen Kopf zu haben scheint, wäre ja kein Einwand gegen seine Ziele. Die russische Revolution hatte, ehe Lenin kam, ebensowenig einen Kopf und wäre ohne Lenin völlig verbürgerlicht. (31)

*

Für mich, der ich ja nicht die Funktion des Politikers habe, darf es natürlich nicht darauf ankommen, mich diesen heutigen Zuständen anzupassen und das verhältnismäßig Beste aus ihnen zu holen, sondern geistig in Beziehung zur Zukunft zu bleiben. Ich kann dabei die Zukunft Deutschlands nicht von der Zukunft der Welt trennen, wie es die Autarchisten etc. etc. tun möchten, sondern sehe nach wie vor ein Deutschland, das seine Revolution nicht vollzogen, seine neue Staatsform nicht aufgenommen und angenommen hat und das zu jedem Abenteuer zu haben ist, die Vernunft aber wie den Teufel fürchtet. (32)

*

Schade, daß Deutschland keinen starken, schöpferischen Kommunismus hat! Eine kommunistische Umwälzung, aber nicht bloß Kopie von Moskau, schiene mir die einzige echte Lösung. Aber in unserm Land sind, wie es scheint, immer nur die Parteien stark, die nichts mit der Gegenwart zu tun haben. (33)

*

Für die Zukunft schiene mir Deutschland die Aufgabe zu haben, zwischen Sowjet und dem Westen neue Formen der Entkapitalisierung zu finden. (34)

*

Wer einmal das Ganze eines Schicksals auf sich genommen hat, dem wird das Auge heller für das Einzelne. Der »gute Wille«, den die alte selige Verheißung meint, wird unsern Armen die Armut tragen helfen, wird unsern Industriellen helfen, den Weg vom egoistischen

Kapitalismus zum selbstlosen Verwalten menschlicher Arbeit zu finden. (35)

*

Ich bin in Gedanken so links wie der linkeste Bolschewik und finde das Ergebnis der deutschen »Revolution«, die verlogen-dumme Büroregierung der sozialistischen und katholischen Bourgeois, zum Speien. Aber in meinen eigentlichen Gefühlen bin ich nicht Revolutionär und halte nicht dafür, der Geist sei dem Menschen verliehen, damit die Proletarier Brot bekommen. Sie sollen es sich holen und dabei meinetwegen eine Handvoll Dicksäcke totschlagen, aber dies herbeiführen ist gewiß nicht, wie die kommunistischen Kritiker meinen, Aufgabe der Dichter und Literaten, außerdem hat das bißchen Geistige, was dazugehört, ja Marx schon vor ca. 100 Jahren besorgt. (36)

*

Daß die sozialen Zustände am Ende der kapitalistischen Epoche nicht mehr lebensfähig sind und vom Aufstand der Benachteiligten weggefegt werden, ist unvermeidlich, insofern führt Truman einen ebenso vergeblichen Kampf wie Hitler. Aber daß aus der Mit- und Gleichberechtigung aller Menschen an den Gütern der Erde die »Diktatur des Proletariats« gemacht wurde, zeigt ja schon, wie die Idee erkrankt und mißbraucht ist. (37)

*

Natürlich hat der Kommunismus, den Marx vor 80 Jahren im »Manifest« gemeint hat, nichts gemein mit dem, was sich heute unter dieser Flagge austobt. Das Schlimme dabei für uns Denkende ist, daß das, was inzwischen aus dem Kommunismus geworden ist, die Aussichten auf eine wirklich tragbare und menschliche Form des echten Kommunismus sehr verringert und alle Tendenzen, die noch weit hinter Marx zurückstreben, unendlich stärkt und scheinbar ins Recht setzt.

(38)

*

Nie habe ich Hitlers, Mussolinis oder Francos Versuche, die rückschrittlich, dumm und unnütz sind, mit dem großen Versuch des Kommunismus gleichgesetzt, der durchaus notwendig ist, und doch haben die Männer, in deren Hände der Machtapparat des Kommunismus geriet, sich jeder Vergewaltigung des Menschen, jedes Terrors und jeder Brutalität schuldig gemacht. Es scheint wirklich dem Menschen nur eine Hoffnung gegeben, zwar nicht die Welt und die andern, aber wenigstens sich selber einigermaßen ändern und bessern zu können, und auf denen, die das tun, beruht im geheimen das Heil der Welt. (39)

*

Wenn ein Stück altes Porzellan zerbricht, sobald neben ihm die Handgranaten platzen, ist das noch kein Beweis dafür, daß Handgranaten an sich wertvoller sind als altes Porzellan. Indessen wollen wir den Scherben nicht nachtrauern, sonst begingen wir ja denselben Irrtum,

wie ihn die Generäle und die Spartakisten begingen, nämlich die Welt in Gut und Böse zu scheiden und mit Pulver und Blei auf der Seite des Guten zu stehen.
(40)

*

Ich halte das Anwenden von Gewalt unter allen Umständen für verboten, auch wenn es im Interesse des »Guten« geschieht. (41)

*

Die Seite, auf der die Kanonen arbeiten, ist niemals die richtige. (42)

*

Weich ist stärker als hart, Wasser stärker als Fels, Liebe stärker als Gewalt. (43)

*

Der Kommunismus hat seine Wurzeln im neunzehnten Jahrhundert, mitten im Boden der dürrsten und dünkelhaftesten Verstandesherrschaft eines besserwissenden, phantasielosen und lieblosen Professorentums. Karl Marx hat das Denken in dieser Schule gelernt, seine Geschichtsbetrachtung ist die eines Nationalökonomen, eines großen Spezialisten, aber sie ist keineswegs »sachlicher« als irgendeine andre Art der Betrachtung, sie ist außerordentlich einseitig und unelastisch; ihre Genialität und Rechtfertigung liegt nicht in ihrem höheren Rang an Geist, sondern in ihrer Entschlossenheit zur Tat. (44)

*

Ich gehöre keiner Partei an, und wenn der Kommunismus mir auch persönlich sympathischer ist als der Faschismus, so hänge ich ihm dennoch nicht an, wie überhaupt keiner Form von Machtstreben. Ich sehe das Amt des Dichters und der Geistigen darin, den Frieden zu fördern und nicht den Kampf. (45)

*

Was für den Denker und Zeitkritiker Gefahr und letzten Grundes unerlaubt ist: seinen Glauben unformuliert zu lassen, das ist recht wohl dem Dichter erlaubt, dem an seine Bilderwelt Verlornen, dem Ehrfürchtigen ohne Katechismus, dem Frommen ohne Kirche.
Sowohl die Rechten wie die Linken pflegen diesen edlen Geistern zu mißtrauen, denen Liebe über Haß, Bewahren über Zerstören, Wartenkönnen über Schlagworte geht. Es wird heute der Dichter, der nicht das Feld seiner Arbeit und Pflicht liegen läßt, um aktuell zu tun, leicht angepöbelt. Indessen vollzieht er ein wichtiges und heiliges Amt, kein andres ist inmitten aufregender und leidenschaftlicher Zeiten wichtiger. (46)

*

Ich habe Freunde genug, die politisch genau umgekehrt

wie ich denken, und habe unter politisch Gleichgesinnten Leute genug, die ich nicht ernst nehmen kann.

(47)

*

Wir haben teil am Bösen und am Krieg in der Welt. Und sooft wir diese unsre Zugehörigkeit erlebend erkennen, sooft wir uns ihrer schämen, sooft wird uns auch deutlich, daß die Regenten der Welt keine Teufel, sondern Menschen sind, daß sie das Böse nicht aus Bosheit tun oder zulassen, daß sie in einer Art von Blindheit und Unschuld handeln. (48)

*

Interessant und schwierig ist der Kampf zwischen Arbeitern und Kapitalisten, wenn auf beiden Seiten etwas wie guter Wille da ist, wenn der Kapitalist zwar reich, aber immerhin ein anständiger Mensch ist. Wenn er sein Geld gestohlen hat..., verliert das ganze Problem seinen Ernst, aus einer geistigen Angelegenheit wird ein Detektivstück. (49)

*

Auch in den öffentlichen und politischen Dingen ist es so: oft werden die großen Sünden mit mehr Kinderunschuld begangen, als sie von vielen Intellektuellen, die sich für das Gewissen der Welt halten, gerügt werden. Wir Geistigen sollen nicht das Patent haben, das Gewissen der Völker zu sein, aber wir sollen die Ungerechtigkeit und die Taten der Führer erleidend erleben, als Mitleidende, als sich schuldig Wissende. (50)

*

Daß hinter den Ideologien, vielmehr Feuilletons [über unbewußt gebliebene biologische Vorgänge], auch viel Jugend, schöner dummer Glaube und auch ein Teil echter Verzweiflung stehe, daran zweifle ich nicht, die Mehrzahl der Beteiligten sind ja Menschen. Was mich betrifft, so kann ich, wie einst im Weltkrieg, mich für die Streitobjekte selbst schon darum nicht interessieren, weil sie im Streit so jugendlich-derben Vereinfachungen erliegen, daß man nicht dabei ernst bleiben kann, vor allem aber darum nicht, weil überall der Boden voll von Opfern liegt, die aus allen Löchern bluten und für die zu sorgen uns alten und altmodischen Leuten dringlicher scheint als der jugendliche Wettkampf der Lautsprecher... Wo ich stehe, ist mir völlig klar, der Standpunkt ist wieder, wie es mir immer ging, ein einsamer, durch keine Gruppe und Partei gedeckt. (51)

*

Die Summe von Vernunft, Methode, Organisation, mit der das Unsinnige getan wird, macht einen immer wieder staunen, nicht minder die Summe von Unvernunft und Treuherzigkeit, mit der die Völker aus der Not die Tugend und aus dem Gemetzel ihre Ideologien machen. So bestialisch und so treuherzig ist der Mensch. (52)

*

Daß es einfacher ist, im Elend die Schuld bei andern zu suchen, das weiß auch ich. Daß nirgends eine einseitige Schuld besteht, auch nicht bei diesem Krieg, sondern daß Schuld immer auf beiden Seiten ist, weiß ich ebenfalls. Ich bin jedoch der Meinung, daß das Feststellen von fremder Schuld niemals etwas in der Welt besser macht, weil immer auch eigene Schuld da ist. (53)

*

Deutschlands Stellung in der Welt sehe ich rein psychologisch an und interessiere mich namentlich mit einem gewissen Grauen für die fabelhafte deutsche Fähigkeit zur »Verdrängung«, zum gläubigen Hinnehmen ideologischer Beschönigungen für Gewalt und Unrecht. Hier, wo deutsche Schwäche, ja Entartung, mit bester deutscher Begabung so nah zusammenhängt, liegt für mein Erkennen ein kleines Stück des Gewebes bloß. Die Fähigkeit, aus dem Unsinnigsten und Furchtbarsten eine Religion zu machen, ist groß bei uns. (54)

*

Der Deutsche ist sehr sentimental, und wo seine Sentimentalität die nicht seltene Verbindung mit Brutalität eingeht, wird er unerträglich. (55)

*

Wir sollen alles das sehr ernst nehmen, was wir selber zu verantworten haben und was wir für unsre Pflicht und Aufgabe halten – aber das von außen Kommende, das Schicksal, das außerhalb unserer Einflüsse und Entschlüsse liegt, das brauchen wir nicht ernster zu nehmen als nötig und sollen ihm unser Ich ruhig entgegensetzen und es nicht in uns hineinlassen. Sonst wäre es keinem denkenden Menschen (es gibt freilich wenige) möglich, das Leben zu ertragen. (56)

*

Die Programme und Ideologien sind mir vollkommen uninteressant, werden ja auch immer simpler und stupider. Ich werde weder für Truman noch für Stalin kämpfen, sondern mit den Millionen von vergewaltigten Menschen untergehen, deren Recht auf Leben und Atemluft immer mehr aus der Welt verschwindet.

(57)

*

Wenn den altmodischen und auf »Gott« ausgerichteten Menschen der losgerissene Mensch begegnet, mit der Waffe in der Hand, sei es die primitive Waffe als Instrument des Tötens oder die der Lüge, der Verdrehung, der Propaganda, dann ist es für den Fortbestand eines göttlichen Sinnes in der Welt wertvoller und richtiger, wenn der Losgerissene den wehrlosen Bruder totschlägt, als wenn er ihn dazu bringt, auch seinerseits sich loszureißen und das Stückchen Welt, für das er allein verantwortlich ist, nämlich sich selbst, zu verraten.

(58)

*

Sie und Ihre Freunde sind der uralten Meinung, Vernunft und Menschlichkeit seien zwar prächtige Dinge, angesichts politisch bedrohlicher Situationen aber sei es doch besser, diese prächtigen Dinge beiseite zu legen und sich auf die Generäle, die Rüstung und die Bomben zu verlassen. Das ist die Meinung jeder Menge, jedes Kollektivs, und in Deutschland war es leider stets auch die der Intellektuellen. (59)

*

Wenn ein Dichter der Partei angehört und auch nur soviel kann wie ein Sekundaner, so propagiert man ihn heftig. Gehört er der Partei nicht an, so existiert er nicht und wird grundsätzlich nur mit negativen Urteilen genannt. (60)

*

Die sozialistische Zukunft wird an den schnell bereiten Autoren, die nach dem ersten Sieg der kommenden Revolution herbeieilen, um sich in die Partei eintragen zu lassen, nicht die besten Wegbereiter haben. (61)

*

Ein Dichter soll dem Vaterlande zulieb weder Journalist noch Parteimann werden, noch sich unter die Kriegslieferanten begeben, so verlockend das geschäftlich sein möge. Er soll diese Zeit miterleben, nicht sie noch unerlebt auszumünzen versuchen, und er ist sich und seinem Volk nicht schuldig, Dinge zu treiben, zu denen nichts ihn zwingt. (62)

*

Ihr werdet Euch zu Eurem Schaden täuschen, wenn Ihr glaubt, ein Dichter sei ein Instrument, dessen sich die jeweils herrschende Klasse beliebig im Sinn eines Sklaven oder eines käuflichen Talentes bedienen könne. Ihr würdet mit dieser Meinung mit Euren Dichtern schwer hereinfallen, und es würden gerade die wertlosen an Euch hängen bleiben. Die echten Künstler und Dichter aber werdet Ihr, falls Ihr Euch später einmal darum bekümmern wollt, daran erkennen, daß sie einen unbändigen Drang nach Unabhängigkeit haben und sofort zu arbeiten aufhören, wenn man sie zwingen will, die Arbeit anders als allein nach dem eigenen Gewissen zu machen. Sie werden weder für Zuckerbrot noch für hohe Ämter käuflich sein und sich lieber totschlagen als mißbrauchen lassen. Daran werdet Ihr sie erkennen können. (63)

*

Ich, ein einzelner, einerlei ob man mich als »groß« (wie Sie es ausdrücken) oder mehr als pathologisch nehmen will, war nie fähig, der Richter und Korrektor andrer zu sein. Ich habe, was ich erlebt und dabei gedacht habe, je und je mitgeteilt, nie aber im Glauben, ich spreche damit Maximen oder gar Axiome einer Weltgerechtigkeit aus, sondern – darin bin ich doch weniger dumm, als Sie mich sehen – ich wußte dabei stets genau, daß ich da als einzelner spreche, nicht als Funktionär einer objektiven Wahrheit, nicht als Prediger einer an sich glaubenden Organisation und Doktrin.
Wenn ich so viele Zweifel habe und über Gerecht und Ungerecht nicht so göttlich Bescheid weiß, so weiß ich

dafür doch: mit meiner Methode, den Menschen nicht Doktrinen und vermeintlich exakte Wahrheiten, sondern Erlebtes, Subjektives, also nicht »Wahres«, wohl aber Wirkliches mitzuteilen – mit dieser Methode bleibe ich vielleicht in Ihrem Sinn erfolglos und rede in den Wind (was aber auch nicht stimmt, denn ich weiß aus tausend Briefen und Gesprächen um die Art der Wirkung, die mir möglich ist), aber dafür bin ich auch sicher, daß um meinet- und meiner Wahrheit und Art willen nie ein Mensch oder gar ein Volk verfolgt, daß meine Lehren nie von Polizei, Justiz und Armee durchgeführt werden, sei es im Sinn Stalins, des Weltgerechten oder des Bundesrats X., der nicht minder genau um die Gerechtigkeit weiß. Es wird auf meinem Weg kein Blut vergossen und keine Gewalt getan, wohl aber auf dem Ihren, auf dem Wege des Anspruchs auf unbedingte Wahrheit, wie sie jede Partei, jedes Volk, jede politische Organisation für sich in Anspruch nimmt und mit mehr oder weniger Gewalt durchzuführen versucht. (64)

*

Es ist ein Irrtum, das Pulver, die Giftgase und die Generäle für geistige Potenzen zu halten, auch wenn sie gelegentlich sehr aktiv werden können. Sich inmitten dieser eifrig und beständig kriegführenden Welt eine Ruhe und Liebe im Herzen zu bewahren und je und je als Dichter etwas davon weiterzugeben, das ist von Jahr zu Jahr schwerer geworden und muß doch immer wieder probiert werden. (65)

*

Passiv wartend im Feuer zu stehen, ist viel schwerer als anzugreifen. (66)

*

Ich habe den Krieg 1914-18 so intensiv und bis zur Vernichtung erlebt, daß ich seither über eines vollkommen und unerschütterlich im klaren bin: daß ich, für meine Person, jede Änderung der Welt durch Gewalt ablehne und nicht unterstütze, auch nicht die sozialistische, auch nicht die scheinbar erwünschte und gerechte. Es werden immer die Falschen totgeschlagen, und auch wenn es die Rechten wären: an die bessernde und entsühnende Kraft des Totschlagens glaube ich nun einmal nicht und sehe in der Zuspitzung der Parteikämpfe zum Bürgerkrieg zwar wohl die Kraft des Entschlusses, die moralische Spannung des »Entweder-Oder«, aber ich lehne die Gewalt ab. Die Welt ist krank an Ungerechtigkeit, ja. Sie ist noch viel mehr krank aus Mangel an Liebe, an Menschentum, an Brudergefühl. Das Brudergefühl, das dadurch genährt wird, daß man zu Tausenden marschiert, ist mir sowohl in der militärischen wie revolutionären Form nicht annehmbar. (67)

*

Wenn ich heute bewußter als je der Alleinstehende und »Träumer« bin, so bin ich es bewußt und sehe nicht bloß einen Fluch, sondern auch ein Amt darin. Ich habe freilich auch meine Art von Gemeinschaft und Sozialität. Ich bekomme im Jahr sehr viele Tausende Briefe, alle von jungen Menschen, die meisten unter 25, und sehr viele suchen mich auch selber auf. Es sind fast ohne Ausnahme begabte oder schwierige Junge, bestimmt zu einem überdurchschnittlichen Maß an Individuation, verwirrt durch die Etikettierungen der normierten Welt. Manche sind pathologisch, manche so prachtvoll, daß auf ihnen mein ganzer Glaube an den Fortbestand eines deutschen Geistes beruht. Für diese Minorität von zum Teil gefährdeten, aber lebendigen jungen Geistern bin ich weder Seelsorger noch Arzt, es fehlt mir jede Autorität und auch jeder Anspruch dazu, aber ich stärke, soweit meine Einfühlung reicht, jeden einzelnen in dem, was ihn von den Normen trennt, suche ihm den Sinn davon zu zeigen. (68)

*

Demokratie oder Monarchie, Bundesstaat oder Staatenbund, es gilt uns gleich, denn wir fragen einzig nach dem Wie, nie nach dem Was. Und wenn ein Wahnsinniger die tollste Tat aus voller Seele begeht, so ist er uns lieber als alle Professoren, welche vermutlich jetzt mit derselben Biegsamkeit zum neuen Regime übergehen, mit der sie vorher vor Fürsten und Altären sich verbeugt haben. Wir sind blinde Anhänger einer »Umwertung aller Werte« – aber diese Umwertung hat nirgend sonst zu geschehen als in unseren eigenen Herzen. (69)

*

Hast du nie gefühlt, daß ich Programme und fertig formulierte »Gesinnungen« nur darum ablehne, weil sie die Menschen unendlich verarmen und verdummen?

(70)

*

So scharf der politisch-staatliche Weg der nächsten Zukunft auch vorgezeichnet zu sein scheint, so trifft doch alle politische Entwicklung von heute und morgen nur die Oberfläche, und die äußerste politische Linke unterscheidet sich in ihren Gesinnungen und Mitteln kaum von den andern um die Macht kämpfenden Gruppen. Auch die Bolschewisierung wird nicht ein Neubeginn von unten, sondern eine Änderung von der Oberfläche sein. (71)

*

Die aufrichtigen und einigermaßen klugen Menschen sind nicht so häufig, und wenn sie miteinander in Konflikte kommen, so sollten sie sich womöglich daran steigern und läutern. (72)

*

Wir sind einig darin, daß der von der Wahrheit Ergriffene Glück und Leben hinzugeben bereit sein müsse. Bei mir und meinen wenigen Gesinnungsgenossen kommt aber noch hinzu: wir dürfen für unseren Glauben sterben, nicht aber töten. (73)

*

Wir dürfen uns den Nöten und Problemen des Tages nur dann hingeben, wenn wir gewillt sind, in ihnen Partei zu ergreifen und uns ganz einzusetzen. Da ich die Partei nicht kenne, deren Ziel ich ganz bejahen könnte, gibt es diesen Weg für mich nicht. (74)

*

Menschlichkeit und Politik schließen sich im Grunde immer aus. Beide sind nötig, aber beiden zugleich dienen, ist kaum möglich. Politik fordert Partei, Menschlichkeit verbietet Partei. (75)

*

Bekanntlich hat im Zeichen der Politik und Partei der Mensch keine Verpflichtung mehr zu menschlichen, sondern nur noch zu parteilichen und kriegerischen Gefühlen und Methoden. (76)

*

Geist kann gegen Macht, Qualität gegen Quantität nicht kämpfen. (77)

*

Ich vermeide es mit aller Sorgfalt, öffentlich Partei zu ergreifen. Ich tue dies nicht aus Bequemlichkeit, sondern aus der Überzeugung, vielmehr dem Wissen, daß der Streit um Parteien und Prinzipien auf einer völlig andern Ebene vor sich geht als das, was meine eigenen Gedanken und Bemühungen ausmacht. (78)

*

Wenn der Geistige sich zur Teilnahme am Politischen verpflichtet fühlt, wenn die Weltgeschichte ihn dahin beruft, so hat er nach meiner Meinung unbedingt zu folgen. Sich zu sträuben hat er, sobald er von außen her, vom Staat, von den Generälen, von den Inhabern der Macht berufen oder gepreßt wird, etwa so wie anno 1914 die Elite der deutschen Intellektuellen törichte und unwahre Aufrufe zu unterzeichnen mehr oder weniger genötigt wurde. (79)

*

Daß Friede besser wäre als Krieg und aufbauende Arbeit besser als Rüsten und daß ein etwa nach Schweizer Vorbild föderativ aufgebauter Bund ein friedliches Europa ergeben könnte – darüber bin ich nicht nur mit Ihnen einig, sondern auch mit der Mehrzahl der heutigen Staatsmänner. Aber wie diese Wünsche zu verwirklichen wären, d. h. wie man die Völker dazu überreden oder zwingen könnte, das Gute und Wünschbare zu tun, darüber wissen weder die Regierenden noch Sie, noch ich das Geringste. Was Sie sagen: »Wenn ein Staatsmann das Genie besäße, den Geist von Beethovens Agnus Dei mit den Notwendigkeiten der Politik zu verbinden«, ist so, wie wenn einer sagen würde: man brauchte nur die Temperatur am Nordpol um 25 Grad zu heben und am Äquator entsprechend zu senken, so wäre der Menschheit geholfen. Ich habe es in meinem langen Leben immer wieder mit Leuten zu tun gehabt, die in Privatbriefen an Politiker und Prominente den Versuch machen, die Welt zu beeinflussen. Jeder von ihnen weiß genau, was zu tun wäre, aber keiner weiß das Wie, und jeder erleichtert sich sein Herz dadurch, daß er die Verantwortung für das Ausbleiben der Rettung den Adressaten seiner Briefe zuschiebt. (80)

*

Irgend jemand ist soweit wach geworden, daß er merkt, was der Welt bevorsteht. Und was tut er dann? Er schreibt an Thomas Mann oder an Hammarskjöld, oder an Hesse, den will er zu Nehru schicken, und zu wem soll Hesse dann Nehru schicken? Zu Eisenhower oder zu den Russen oder den andern Generälen, die die Welt beherrschen? Glauben Sie im Ernst, daß ... Eisenhower oder die Russen oder Adenauer, oder wer immer, auf Nehrus Worte hören würde? Daß er andres im Kopf hätte als seine Partei und seine Politik?
Das Weltgewissen hat keine Adresse, und die Regierenden vertreten alle nicht das Weltgewissen. Sie lachen über alle die schönen Appelle aus den Kreisen der Wissenschaft und Literatur, und jeder Aufruf dieser Art hat lediglich den Erfolg, daß er die Ohnmacht der »Geistigen« noch sichtbarer und ihr Wort noch wertloser macht. (81)

*

Die Macht einer internationalen Schriftstellervereinigung wird in jedem Falle eine sehr geringe sein. In den Ländern und Völkern, in deren Macht es stünde, die Weltgeschichte ernstlich zu beeinflussen, gibt es eine wirkliche Macht der Literatur längst nicht mehr. Dort wird die öffentliche Meinung nicht von einer Elite der besten Köpfe oder Charaktere geformt, sondern autoritativ befohlen. Da der einfache Schriftsteller, auch wenn er einen noch so berühmten Namen hätte, von diesen Mächten je nach deren Belieben benützt oder unterdrückt werden kann, da ihm in den totalitären Systemen und Staaten die freie Meinungsäußerung nicht erlaubt wird, wird jeder halbwegs mündige Leser gegen jede Gesinnungsäußerung eines Autors mißtrauisch sein. Einen gewissen spärlichen Kredit, ein gewisses Vertrauen werden bei wachen Lesern daher bald nur noch jene Autoren genießen, die konsequent auf den Schutz verzichten, den ihnen die Zugehörigkeit zu einer Partei gewährt, die lediglich der Wahrheit dienen und lediglich ihrem Gewissen folgen wollen und bereit sind, im Ernstfall die entsprechenden Opfer zu bringen. Auf sie wird das Weltgewissen vielleicht ein wenig hören, man wird sie nie weder als Nutznießer noch als Mitläufer der großen Machtgebilde verdächtigen dürfen.

Es mag Ansätze zur Bildung solch einer kleinen, übernationalen und unparteilichen geistigen Gemeinschaft geben. Auch wenn sie nur aus zehn, aus fünf, aus drei Männern oder Frauen bestünde, wäre ihr moralischer Wert größer als der einer tausendköpfigen Vereinigung von Intellektuellen mit Parteiabzeichen irgendwelcher Art. (82)

*

Schon wenn die Dichter sich selbst »Intellektuelle« nennen! Konnte man sich selbst und seine Aufgabe tiefer und dümmer mißverstehen und mißdeuten?... Und nun kamen sie und forderten die Politisierung des Dichters! Als ob ihre Schuld darin bestünde, daß sie bisher zu wenig politisch gewesen, daß sie zu wenig an den Bürger, ans Gesetz, an den Markt, an die sogenannte Wirklichkeit gedacht hätten! Mein Gott, eben diese fade Wirklichkeit war ja ihre Welt und Zuflucht gewesen, sie hatten sich längst darum gedrückt, das zu tun, wozu ein Dichter allein auf der Welt ist. Darum nannten sich diese Leute, wenn sie öffentlich gemeinsam auftraten, niemals Dichter, sondern »Intellektuelle«, was etwa so klang, wie wenn ein Liebender sich »Spekulant in Aktien des Herzens« nennen würde. Und darum kamen sie jetzt, wo alles schief stand und ihr Karren gänzlich verfahren war, darauf, sich zu politisieren. Wenn nur genug von ihnen da wären, dachten sie, um einen großen Verein zu bilden, sich im Reichstag vertreten zu lassen und damit den »Geist« neben der Industrie und Landwirtschaft als politischen Interessenten etablieren zu können, dann wäre schon viel gewonnen.

Wenn der Dichter sich politisierte, so wandte er sich von seinem menschheitlichen Amt des Vorausträumens und vom Dienst am Ideal ab und pfuschte den Praktikern ins Handwerk, die mit Wahlreformen und dergleichen den Fortschritt zu machen meinen, während sie nur um Jahrhunderte hinter den Gedanken der Geistigen nachhinken und im Kleinen das eine oder andere von deren Ahnungen und Gedanken zu verwirklichen streben. (83)

*

Für mich ist an der Haltung eines jeden das, was mich interessiert: ob er »politisch« ist und an die Mittel der Politik glaubt, deren letzte und stärkste immer die Kanonen sind; oder ob er den Unglauben an die Politik hat und dafür die Tendenz, sein Leben und Denken auf Gott hin, auf einen überzeitlichen, überaktuellen Mittelpunkt zu zentrieren, nicht im Sinn einer verständigen

Weltanschauung, sondern im Sinn des Dienstes und Opfers. Mein Standpunkt ist für Sie nicht diskutabel, er ist es auch für mich nicht, da er nicht Wahl, sondern Schicksal ist. Ob ich damit »recht« habe, das zu entscheiden liegt gar nicht bei mir. Von mir aus gesehen hat niemand recht, und die Kämpfe streitender Meinungen und Programme sind nicht vernünftig, also im Grunde vermeidbar, sondern tragisch und unvermeidbar. Für mich ist es ganz einerlei, ob Hitler oder ob Trotzki oder wer sonst die Kanonen befehligt – wohl ihm, wenn er aufrichtig an den Wert seines Tuns glaubt; die Welt ändern oder bessern wird er nicht, da er gar nicht am Angelpunkt steht. (84)

*

Kung Fu Tse, der große Gegenspieler des Lao Tse, der Systematiker und Moralist, wird gelegentlich so charakterisiert: »Ist das nicht der, der weiß, daß es nicht geht, und es doch tut?« Das ist von einer Gelassenheit, einem Humor und einer Schlichtheit, für die ich in keiner Literatur ein ähnliches Beispiel weiß. Oft gedenke ich dieses Spruches und manch anderer, auch beim Betrachten der Weltereignisse und bei den Aussprüchen derer, welche die Welt in den nächsten Jahren und Jahrzehnten zu regieren und perfekt zu machen im Sinne haben. Sie tun wie Kung Tse, der Große, aber hinter ihrem Tun steht nicht sein Wissen darum, »daß es nicht geht«. (85)

*

Man kann den frohen Fortschrittsglauben nicht teilen und kann dennoch das Gute wünschen und fördern, man kann an die Lösbarkeit von Problemen nicht glauben und kann dennoch ihre vernünftige Behandlung wünschen und ihr dienen. (86)

*

Ich weiß nicht, ob die Welt je verbessert worden ist, ob sie nicht immer und ewig gleich gut und gleich schlecht gewesen ist. Dies aber weiß ich: Wenn jemals die Welt durch Menschen verbessert, durch Menschen reicher, lebendiger, froher, gefährlicher, lustiger geworden ist, so ist sie es nicht durch Verbesserer geworden, sondern durch jene wahrhaft »Selbstsüchtigen«, welche kein Ziel kennen, keine Zwecke haben, denen es genügt zu leben und sie selbst zu sein. (87)

*

Man kann in Zeiten großer Prüfungen die seltsame Erfahrung machen, daß es wohl mehr Menschen gibt, welche für ideale Güter zu sterben, als solche, die für sie zu leben wissen. (88)

*

Der »Praktiker«, der in den Sitzungen und Kommissionen immer recht hat, hat außerhalb seiner Kommissionen immer und immer unrecht. Recht hat immer die Zukunft, der Gedanke, der Glaube. (89)

*

Die Chinesen, die ja ein erstaunlich kluges Volk sind, hatten jahrtausendelang die feierliche Gewohnheit, daß jedes öffentliche Ereignis, z. B. Regierungsänderungen, Revolutionen, Siege, Hungersnöte etc., offiziell immer um 25 Jahre zurückdatiert wurde. Denn, so sagten sich die Chinesen, die Revolution oder der Bankrott findet zwar in der Tat heute statt, um ihn aber zu verstehen, seine Wurzeln zu erkennen und möglicherweise künftig klüger zu werden, muß man um 25 Jahre zurückschauen, denn nach jahrtausendealter Erfahrung sind in solchen Angelegenheiten 25 Jahre gerade so etwa die übliche Zeit, die es braucht, bis gute oder böse Ursachen, Sitten etc. äußerlich ihre Resultate zeigen. (90)

*

25 Jahre nachher werden die Gedanken der einfachen Menschlichkeit von den Gutgesinnten ohne viel Sträuben bejaht, nur ist dann inzwischen auch die Weltgeschichte weitergegangen, und so wäre eine anständige Minderheit immer für das zu haben, was vor 25 Jahren hätte gedacht und getan werden sollen. (91)

*

In demokratischen und geistig saturierten Zeiten wie der unseren ist es schon eine Entdeckung, daß es nicht einen Normalmenschen gibt, der die und die Eigenschaft hat und in dessen Denken sich die und die von Kant geforderten Kategorien vorfinden, sondern daß es inmitten der uninteressanten Normalmenschen zuweilen überwertige Menschen gibt, die oft nebenbei pathologisch sind, denen aber die Möglichkeit gegeben ist, die Wahrheit zu sagen, die Unerbittlichkeit der Lebensvorgänge und die Sinnbildlichkeit jedes Einzelseins für das Ganze. (92)

*

Was alles hätten die Sieger, was alles die Besiegten aus den Kriegen von 1870, 1914 und 1939 lernen können! Aber dies Lernen wird, so scheint es, jeweils weder von den Völkern noch von deren führender Oberschicht geleistet, sondern immer nur von einer kleinen, machtlosen Schicht Geistiger. Diese kleine, einflußlose Schicht produziert zwar Erkenntnisse und stellt Wahrheiten fest, die aber immer erst in einer zu Schlagwörtern verzerrten Form und um eine Generation zu spät in die Menge dringen. Es folgt, so scheint es, daraus, daß Verzweiflung die eigentliche und legitime Haltung der Erkennenden sein müsse, so wie Drauflosleben und Blindbleiben die der »Völker«. Dennoch scheint es aber hinter dem Tatsächlichen und Manifesten eine echte, haltbarere Wirklichkeit zu geben, zu der unsere Philosophien und Religionen den geahnten Zugang suchen und um derentwegen es sich dennoch lohnt zu leben. (93)

*

Nichts entzieht sich der Darstellung durch Worte so sehr und nichts ist doch notwendiger, den Menschen vor Augen zu stellen, als gewisse Dinge, deren Existenz weder beweisbar noch wahrscheinlich ist, welche aber eben dadurch, daß fromme und gewissenhafte Menschen sie gewissermaßen als seiende Dinge behandeln, dem Sein und der Möglichkeit des Geborenwerdens um einen Schritt näher geführt werden. (94)

Gesellschaft und Individuum

Sie sagen, das Suchen nach dem Ich sei weniger wichtig als das Finden des rechten Verhältnisses zu den andern. Aber dies ist gar nicht zweierlei. Wer jenes echte Ich sucht, der sucht zugleich die Norm alles Lebens, denn dies innerste Ich ist bei allen Menschen gleich. Es ist Gott, es ist der »Sinn«. Darum sagt der Brahmane zu jedem fremden Wesen »tat twam asi« = das bist du! Er weiß, daß er keinem andern Wesen schaden kann, ohne sich selbst zu schaden, und daß Egoismus keinen Sinn hat. (95)

*

Wenn es einmal geschähe, daß ein Menschenleben von seinem Beginn bis zum Ende aufgeschrieben würde, samt allen Verwurzelungen und Verflechtungen, so würde das ein Epos ergeben, so reich wie die ganze Weltgeschichte. (96)

*

Man gibt sich viel Mühe mit dem Studium dessen, was die Menschen, Völker und Zeiten voneinander trennt. Achten wir auch wieder auf das, was alle Menschen verbindet! (97)

*

Wenn wir die Versuche unserer Zeit betrachten, sich über die unseligen Spezialisierungen und Parteien hinweg wieder über die Grundlagen des Menschentums, des Glaubens, des Geistes und der Moral zu besinnen, so sehen wir, daß die bemerkenswerten und gründlichen Leistungen nicht von den Gleichmachern und Geschichtslosen ausgehen, nicht von den weder legitimierten noch verantwortlichen Predigern einer allgemeinen idealistischen Humanität, sondern im Gegenteil von den Vertretern gerade der ältesten Traditionen. Es sind einige wenige Geister im heutigen Europa, deren Lebenswerk es ist, die überkommenen Werte der historischen Religionen nicht in hübsche Feuilletons aufzulösen, sondern gerade in ihren kennzeichnenden Charakterzügen wiederherzustellen – nicht etwa, um sich menschlich abzugrenzen und ein Christentum bloß für die Katholiken oder bloß für die Protestanten usw. zu verkünden, sondern um durch die Reinheit in der Darstellung das Tiefste und Wesentliche jedes Glaubens neu und verantwortlich sichtbar zu machen. (98)

*

Wenn ich irgendwo auf besonders kräftige Ablehnung, auf instinktiven Haß oder prinzipielles Nichtverstehenwollen stoße, so gilt diese Ablehnung beinahe immer dem Einschlag von alt-asiatischem Geist, den man in meinen Erzählungen findet. Nun, diese instinktive Furcht vor dem Fremden, Nichteuropäischen in der indischen und chinesischen Lebens- und Denkart ist nach meinem Glauben dasselbe wie jeder Rassenwahn und Rassenhaß. Etwas Bekanntes, historisch und psychologisch Begreifliches, aber etwas Rückständiges, nicht mehr Lebenbringendes, etwas, das überwunden werden muß. Unterstützt wird die Rückständigkeit nicht nur durch den Fortschritts- und Technik-Enthusiasmus des

Abendlandes, sondern auch durch den Anspruch des kirchlich-dogmatischen Christentums auf Alleingültigkeit. (99)

*

Unser subjektives, empirisches, individuelles Ich, wenn wir es ein wenig beobachten, zeigt sich als sehr wechselnd, launisch, sehr abhängig von außen, Einflüssen sehr ausgesetzt... Dann ist aber das andere Ich da, im ersten Ich verborgen, mit ihm vermischt, keineswegs aber mit ihm zu verwechseln. Dies zweite, hohe, heilige Ich (der Atman der Inder, den sie dem Brahma gleichstellen) ist nicht persönlich, sondern ist unser Anteil an Gott, am Leben, am Ganzen, am Un- und Überpersönlichen. Diesem Ich nachzugehen und zu folgen, lohnt sich schon eher. Nur ist es schwer, dies ewige Ich ist still und geduldig, während das andere Ich so vorlaut und ungeduldig ist. (100)

*

Kein Mensch fühlt im andern eine Schwingung mit, ohne daß er sie selbst in sich hat. (101)

*

Je rascher sich die Menschheit vermehrt und je mehr technische Mittel sie besitzt, desto mehr wird sie verflacht und zum gleichförmigen Kollektiv werden. Für die Menschheit als Masse besteht die Aufgabe des Lebens nur in der möglichst reibungslosen Eingliederung

und Anpassung, im Herabschrauben der persönlichen Verantwortlichkeit auf ein Minimum.
Wir anderen, die stets kleine Zahl der zu einem persönlichen, individuellen Leben Befähigten und Berufenen, haben vor der Masse die zarteren Sinne und die größere Denkfähigkeit voraus, und diese Gaben können uns sehr viel Glück verschaffen. Wir sehen, hören, fühlen, denken genauer, empfänglicher, reicher an Nuancen, aber wir sind auch einsam und gefährdet, wir müssen auf das Glück der verantwortungslosen Masse verzichten. Jeder von uns muß über sich selbst, über seine Gaben, Möglichkeiten und Eigenheiten Klarheit suchen und sein Leben in den Dienst der Vervollkommnung, der Selbstwerdung stellen. Wenn wir das tun, dann dienen wir auch zugleich der Menschheit, denn alle Werte der Kultur (Religion, Kunst, Dichtung, Philosophie etc.) entstehen auf diesem Weg. Auf ihm wird der oft verlästerte »Individualismus« zum Dienst an der Gemeinschaft und verliert das Odium des Egoismus.

(102)

*

Aus den zwei entgegengesetzten Kräften, dem Drang nach einem persönlichen Leben und der Forderung der Umwelt nach Anpassung entsteht die Persönlichkeit. Keine entsteht ohne revolutionäre Erlebnisse. (103)

*

Die Welt schreit nach Wahrheit, nach neuen Richtlinien, nach neuen Gesetzen, nach neuen Gemeinschafts- und Lebensmöglichkeiten für die erschütterte Menschheit. – Aber die neuen Wahrheiten und Gesetze werden Schatten sein, wie die alten von Macht und Krieg es waren, wenn sie nur aus Technik und äußerer Not entstehen. Sie müssen aus Selbsterkenntnis wachsen. Und zur Selbsterkenntnis führt jeden von uns nur der Weg ins eigene Herz. Das Chaos unseres Fühlens ist, nach dem Zusammenbruch der alten Ideale, ein Zustand, mit dem wir rechnen, den wir kennen, dessen Not und Herkunft wir anerkennen müssen. Dazu sind nach wie vor die Dichter unsere Führer. (104)

*

Jede Formung des Menschen, jede Kultur, jede Zivilisation, jede Ordnung beruht auf einer Übereinkunft über das Erlaubte und das Verbotene. Der Mensch, zwischen Tier und ferner Menschenzukunft unterwegs, hat stets viel, unendlich viel in sich zu unterdrücken, zu verstecken, zu leugnen, um ein anständiger Kerl und zur Sozialität fähig zu sein. Der Mensch ist voll von Tier, voll von Urwelt, voll von riesigen, kaum bezähmbaren Trieben einer tierischen, grausamen Selbstsucht. Alle diese gefährlichen Triebe sind da, sind immer da, aber die Kultur, die Übereinkunft, die Zivilisation hat sie verborgen, man zeigt sie nicht, man hat von Kind auf gelernt, diese Triebe zu verstecken und zu leugnen. Aber jeder dieser Triebe kommt irgendeinmal wieder ans Licht. Jeder lebt weiter, keiner wird getötet, keiner auf die Dauer, auf die Ewigkeit verwandelt und veredelt. Und jeder dieser Triebe ist an sich ja gut, ist nicht schlechter als jeder andre, nur hat jede Zeit und Kultur Triebe, die sie mehr als die andern fürchtet, die sie mehr verpönt. Wenn nun diese Triebe wieder wach werden, als unerlöste, nur oberflächlich und mühsam gebändigte Naturkräfte, wenn diese Tiere wieder brüllen und sich regen, mit der Klage lang unterdrückter und gepeitschter Sklaven und mit der uralten Glut ihrer Natürlichkeit, dann entstehen die Karamasows. Wenn eine Kultur, einer der Versuche der Domestizierung des Menschen, müde wird und zu wanken beginnt, dann werden die Menschen in immer größerer Zahl merkwürdig, werden hysterisch, haben sonderbare Gelüste, gleichen jungen Leuten in der Pubertät oder Schwangeren. Es regen sich in der Seele Dränge, für die man keine Namen hat, die man, von der alten Kultur und Moral aus, als schlecht bezeichnen muß, die aber mit so starker, mit so natürlicher, mit so unschuldiger Stimme sprechen können, daß alles Gute und Böse zweifelhaft wird und jedes Gesetz ins Wanken kommt. (105)

*

Was gut und was schlecht ist, weiß ich nicht, es ist mir immer zweifelhafter geworden. Gut ist der Mensch, wenn zwischen seinen Urtrieben und seinem bewußten Leben Harmonie herrscht, andernfalls ist er böse und gefährlich. (106)

*

Wenn ich von irgendwelchen Verbrechen höre und lese, habe ich nur sehr selten das Gefühl, daß ich unter Umständen nicht auch zu ähnlichem fähig wäre oder verführt hätte werden können. Der Mensch ist nicht gut, noch ist er böse, sondern er hat alle Möglichkeiten zu beidem in sich, und es ist schon viel, wenn sein Bewußtsein und Wille sich auf die Seite des Guten neigen; auch dann noch leben unter der Oberfläche alle Urtriebe in ihm weiter und können ihn zu Ungeahntem führen. (107)

*

Die Menschen sind Bestien, wenn kein Stern über ihnen steht, aber wir dürfen nicht einem einzelnen Volk ein Monopol auf Bestialität vorwerfen. (108)

*

Man vergißt Urteil und Kritik über andre, wenn man sich selbst voll von Zweifeln weiß. (109)

*

Das Selbstvertrauen, das Sie bei gewissen Leuten sehen, scheint aber größer, als es ist. Wenn Sie jeden von diesen Menschen, die im Beisammensein so mutig sind, eine Weile still und allein vor etwas Schweres hinsetzen, wird vieles anders. (110)

*

Unter verstaatlichten und organisierten Menschen geschieht nichts schwerer und seltener als das Vernünftige und Natürliche. (111)

*

Das ist die Krebskrankheit, an der unsere ganze Welt krank ist: die Hypertrophie des zum Selbstzweck und Götzen gewordenen Staates und seiner Beamtenschaft, welche automatisch bestrebt ist, durch immer neue unnütze Formalitäten und Ämter sich unentbehrlich zu machen und ihre Zahl zu vermehren. (112)

*

»Kollegen« laufen zwar gerne zueinander, vertragen sich aber selten. (113)

*

Der Mensch als Masse ist mir fremd und höchst fragwürdig. Und was aus dieser Masse seit den Zeiten meiner Jugend, wo sie noch durch starke Bindungen und Hemmungen beherrscht war – was aus der Masse werden kann, haben wir ja seit 1914 gesehen. Nein, was ich am Menschen liebe, sind die Möglichkeiten des Einzelnen. Der Gedanke, es könnte übermorgen keine Menschheit mehr geben, hat für mich nichts Schreckendes. Wohl aber wäre es mir ein tiefer Schmerz zu wissen, daß es künftig keinen Goethe, keinen Mörike, keinen Tolstoi oder Tschechow, keinen Renoir oder Cézanne mehr geben werde, und keine mehr von jenen Menschen, die der Freude und Schwermut über Beethoven, Bach oder Hölderlin fähig sind. (114)

*

Die Heilung, Einkehr, Besinnung und Wiedergeburt

eines Volkes vollzieht sich nicht an der Oberfläche und nicht an den Massen, sondern geht still und verborgen in den einzelnen vor sich. (115)

*

Jede Sehnsucht nach Beseelung des Lebens ist heute von den herrschenden Mächten verfemt. (116)

*

Das Geld, das Geschäft, die Maschine und der Staat sind die Erscheinungsformen des Teufels in unserer Zeit. Es verdirbt uns Speise und Luft, Schlaf und Traum. Dennoch müssen einige aushalten und nicht sich unterkriegen lassen; sonst hat unsere Zeit der nachfolgenden nichts zu vererben. (117)

*

Gesundheit, Tüchtigkeit und gedankenloser Optimismus, lachende Ablehnung aller tiefern Probleme, feistes, feiges Verzichten auf aggressive Fragestellung, Lebenskunst im Genießen des Augenblicks – das ist die Parole unsrer Zeit – auf diese Art hofft sie, die lastende Erinnerung an den Weltkrieg zu betrügen. Übertrieben problemlos, imitiert amerikanisch, ein als feistes Baby maskierter Schauspieler, übertrieben dumm, unglaubhaft glücklich und strahlend (»smiling«), so steht dieser Mode-Optimismus da, jeden Tag mit neuen strahlenden Blüten geschmückt, mit den Bildern neuer Filmstars, mit den Zahlen neuer Rekorde. Daß alle diese

Größen Augenblicksgrößen sind, daß alle diese Bilder und Rekordzahlen bloß einen Tag dauern, danach fragt niemand, es kommen ja stets neue. Und durch diesen etwas allzu hochgepeitschten, allzu dummen Optimismus, welcher Krieg und Elend, Tod und Schmerz für dummes Zeug erklärt, das man sich nur einbilde, und nichts von irgendwelcher Sorge oder Problematik wissen will – durch diesen überlebensgroßen, nach amerikanischem Vorbild aufgezogenen Optimismus wird der Geist zu ebensolchen Übertreibungen gezwungen und gereizt, zu verdoppelter Kritik, zu vertiefter Problematik, zu feindseliger Ablehnung dieses ganzen himbeerfarbenen Kinder-Weltbildes, wie es die Modephilosophien und die illustrierten Blätter spiegeln. (118)

*

Ich habe, privat oder öffentlich, noch niemals irgend etwas Gutes und Vernünftiges angestrebt, das nicht von den jeweils Mächtigen sabotiert worden wäre. (119)

*

Die Welt will vom Geist nichts wissen. Dem Egoismus der Menschen ist jedes Ideal verhaßt, das mehr von ihnen fordert als eine höfliche Maske. (120)

*

Zart anfassen und schonen kann nur einer, der dieses Zartanfassens selber bedarf. (121)

*

Lebendige und zielbewußte Fürsorge stößt überall auf Hemmnisse und Widerstände in Bürokratentum, Wichtigmacherei, Streberei und dilettantischer Unsachlichkeit. Daß das Wichtigste gut und rasch geschehe, das scheitert unendlich oft nur an der Gleichgültigkeit oder gar Feindseligkeit eingesessener Vereine und Instanzen oder – noch häufiger – an persönlichen Interessen und persönlicher Eitelkeit einzelner.
Um solche Widerstände besiegen zu können, ohne Dreiviertel der verfügbaren Energie daran zu verschwenden... dafür ist ein Zusammenschluß all derer nötig, die zum Helfen fähig und reinen Willens sind. Es gibt deren genug, in hundert Behörden und Vereinen sind einzelne zu finden. Die Besten sitzen irgendwo allein, nachdem sie sich verbittert zurückgezogen haben. Sie alle, die zerstreut keine Macht haben gegenüber der Routine der Bürokraten und Gschaftelhuber, gilt es zu sammeln, damit sie eine unwiderstehliche, das Gute wirkende Macht werden. (122)

*

Kostet das Glück der Hingabe, das Glück der Bedürfnislosigkeit, das Glück hilfsbereiter Zusammenarbeit! Kein andrer Weg führt euch so rasch und so sicher in das Wissen von der Einheit und Heiligkeit des Lebens! Kein andrer Weg auch führt euch so sicher zum Ziel aller Lebenskunst, zur freudigen Überwindung des Egoismus – nicht durch Verzicht auf Persönlichkeit, sondern durch deren höchste Entwicklung. (123)

*

Es scheint heute so zu sein, daß wir geistigeren Menschen alle überindividualisiert sind und den Anschluß an Zeit und Volk nicht finden, weil die Menge, der Durchschnitt heute um ebensoviel zu wenig individualisiert ist wie wir zu viel, und mit diesem allerdings hervorragend stumpfsinnigen Herdenmenschentum können wir freilich nichts anfangen. Desto nötiger haben wir es, uns untereinander nicht im Stich zu lassen.

(124)

*

Wir sehen, daß keine Zivilisation möglich ist ohne Vergewaltigung der Natur, daß der zivilisierte Mensch allmählich die ganze Erde in eine langweilige und blutlose Anstalt aus Zement und Blech verwandelt, daß jeder noch so gute und idealistische Anlauf unweigerlich zu Gewalt, zu Krieg und Schmerzen führt, daß der Durchschnittsmensch das Leben ohne die Hilfe des Genies nicht aushalten würde und dennoch der geschworene Todfeind des Genies ist und immer sein muß. (125)

*

In fünfzig Jahren ist die Erde ein Friedhof für Maschinen und die Seele des Raumfahrers identisch mit der Kabine seiner Rakete. (126)

*

Wenn die Ärzte auch wenig für den Patienten übrig haben, so lieben sie ihre Technik doch sehr und triumphieren, wenn sie einen beinah Toten noch einmal zurückkitzeln können. (127)

*

Da meine ganze Arbeit als Autor den Sinn hat, das Individuelle gegen das »Normale« und Normierte zu verteidigen, halte ich die Sehnsucht nach einem Sicheinpassen und Einswerden mit den Vielen und dem Alltag für unerfüllbar. Für den stark persönlichen, einsamen Menschen ist mit dem normierten Leben nur eine konventionelle und nie befriedigende Befreundung möglich. Darum ist es besser, die andere Gemeinschaft zu suchen und zu pflegen, die mit allen denen, denen man sich verwandt weiß, den Dichtern, Denkern, Einsamen, und wenn alles andre nicht glückt, haben wir zumindest den Ersatz, den reichen und nie ganz versagenden Ersatz um die ewige Gemeinde derer, denen wir ähnlich sind und die sich in allen Zeiten, Völkern und Sprachen in Büchern, Gedanken, Kunstwerken ausgesprochen hat.

Die Versuche, das angeblich »wirkliche« und gesunde Leben aller mitzuleben, sind gewiß nicht ohne Wert. Aber am Ende führen sie uns doch immer nur in eine Welt, mit deren Werten und Maßstäben wir im Innern nicht einverstanden sind, und was wir dabei gewinnen, zerfällt uns in den Händen.

Und außer den Denkern und Dichtern steht uns auch noch die Natur offen, das Mitschwingen in einer Welt, in der es keine Konvention gibt und die nur dem wirklich der Hingabe und Betrachtung Fähigen offensteht.

Die Natur, wie sie der Sonntagsausflügler und Teilnehmer an Gesellschaftsreisen genießt, ist ein Schemen.

(128)

*

Zu den einfachen Bedürfnissen, auf die man sich sonst nie besinnt, weil sie nie zum Hunger werden, gehört auch die Heimat. Damit meine ich nicht das Vaterland – das gehört schon zu den höheren, geistigeren Gaben und Bedürfnissen. Ich meine die Bilder, die jeder von uns als sein bestes Erinnerungsgut aus der Kindheit bewahrt hat. Sie sind nicht darum so schön, weil die Heimat unbedingt schöner wäre als die andre Welt; sie sind bloß darum so schön, weil wir sie zuerst, mit der ersten Dankbarkeit und Frische unserer jungen Kinderaugen gesehen haben.

Das ist keine Sentimentalität. Das Sicherste, was wir haben, wenn wir nicht die höchsten Stufen im Geistigen erreicht haben, das ist die Heimat. Man kann verschiedenes darunter verstehen. Die Heimat kann eine Landschaft sein, oder ein Garten, oder eine Werkstatt, oder auch ein Glockenklang, oder ein Geruch. Das, worum es sich handelt, ist die Erinnerung an die Zeit des Heranwachsens, an die ersten, stärksten, heiligsten Eindrücke unseres Lebens. Dazu gehört die Mundart der Heimat. Mir, der ich in der Fremde lebe, ist bei jedem Heimkommen der erste schwäbische Bahnschaffner ein wahrer Paradiesvogel!... Es ist ans Innerste gerührt, an den kleinen sicheren Schatz, den wir aus den Jahren der frühesten Jugend haben. Da liegen Bilder und Eindrücke durcheinander, man schätzt sie oft wenig, aber alles zusammen ist eine satte Lösung, an die man nicht rühren kann, ohne daß es Kristalle gibt. (129)

*

Das psychologisch wichtigste Ergebnis aller »Folklore« ist die Gleichheit der Struktur der menschlichen Seele über die ganze Erde hinweg. Aber wenn die Erkenntnis und Bestätigung dieser Gleichheit – das Wissen um das tatsächliche Vorhandensein einer »Menschheit« nicht nur als Utopie – schön und zukunftsreich ist, so ist es dennoch höchst erfreulich und reizend, ja beglückend, die verschiedenen Trachten, Gebärden und Mundarten dieser selben Seele zu belauschen. (130)

*

Vor dem Volk habe ich unbedingt Respekt, und seine irrationalen Wege sind mir lieber als die rationalen Begründungen, die man dazu gibt. (131)

*

Gerade die Stadtleute, Kopfarbeiter und Nervenmenschen, die differenzierteren Naturen, befinden sich nach vollzogener Umschaltung, nach geglückter Verlegung des Schwergewichtes vom Intellekt ins Physische, merkwürdig wohl. Sie ertragen das Unglaubliche, und es zeigt sich sogar häufig, daß der differenziertere Nervenmensch mehr aushält und leichter ein Drüberstehen findet als der »unverbrauchte« Naive. (132)

*

Alle Kinder, solange sie noch im Geheimnis stehen, sind ohne Unterlaß in der Seele mit dem einzig Wichtigen beschäftigt, mit sich selbst und mit dem rätselhaften Zusammenhang ihrer eigenen Person mit der Welt ringsumher. Sucher und Weise kehren mit den Jahren der Reife zu dieser Beschäftigung zurück, die meisten Menschen aber vergessen und verlassen diese innere Welt des wahrhaft Wichtigen schon früh für immer und irren lebenslang in den bunten Irrsalen der Sorgen, Wünsche und Ziele umher, deren keines in ihrem Innersten wohnt, deren keines sie wieder zu ihrem Innersten und nach Hause führt. (133)

*

Man hat nur Angst, wenn man mit sich selber nicht einig ist. (134)

*

Für den Künstler, überhaupt für den begabten Phantasiemenschen, ist die Ehe beinahe immer eine Enttäuschung. Im besten Fall ist es eine langsame, erträgliche, mit der man sich halt abfindet, aber es stirbt dabei, ohne viel Schmerzen, ein Stück Seele und Lebenskraft ab, und wir sind nachher ärmer, während wir nach dem Erleben eines edlen großen Schmerzes eher reicher sind. (135)

*

Es heiratet keiner, damit er Kinder kriege, aber wenn

er Kinder kriegt, so ändern sie ihn, und schließlich sieht er, daß alles doch nur für sie geschehen ist. (136)

*

Bei Disputen gewinnt immer der Optimist. (137)

*

Nichts ärgert die Menge mehr, als wenn einer sie nötigt, ihre Meinung von ihm zu ändern. (138)

*

Ein anständiger Mensch tut keinen Schritt, ohne Feinde zu kriegen. (139)

*

Mein Glaube an eine gewisse Stabilität des Menschen ist sehr groß, ich glaube, daß er von jeder Teufelei am Ende mit schlechtem Gewissen erwacht und daß jeder Korruption ein neues Verlangen nach Sinn und Ordnung folgt. (140)

Aufgaben des Einzelnen

Unduldsam sollte man, nach meinem Gefühl, nur gegen sich selber sein, nicht gegen andere. (141)

*

Die Völker sind alle gleich dumm, es ist kein Unterschied. Es kommt auf den Einzelnen an, nicht auf das System, ob das Rechte oder das Dumme und Schlechte geschehe. (142)

*

Ich habe während des Krieges zum erstenmal die Welt außer mir genauer betrachtet und mit Erstaunen gefunden, daß in der Welt die allermeisten Menschen nicht das tun, wozu sie Anlage und Natur treibt, sondern stets etwas andres, oft das Gegenteil. Der Staat besonders verwendet seine Leute auf die wunderlichste Art. Die Dichter wurden zum Schießen, die Professoren zum Erdegraben, die Handelsjuden zu vaterländischen Geschäften, Juristen zu Pressediensten verwendet. Der Staat, wenigstens der unsre, ist gewohnt, daß die Talentlosen sich in seinen Dienst drängen und daß er über sie beliebig verfügen kann.
Das einzige, worin ich mich von der Masse und von denen, die ich Dilettanten und Streber nenne, unterscheide, ist das, daß ich weiß, zu welcherlei Arbeit und Dienst mein Gehirn und meine Vorgeschichte mich bestimmen und daß ich diese Arbeit so konzentriert wie möglich zu tun suche.
Wenn ich nun weglaufe und allen diesen Rufen folge, die jeden Tag ergehen, so verliere ich mich unter die

Dilettanten, werde ein Mensch, der etwas tut, was er nicht kann, und lasse das liegen, wozu die innere Stimme mich ruft. (143)

*

Menschliche Kultur entsteht durch Veredlung tierischer Triebe in geistigere, durch Scham, durch Phantasie, durch Erkenntnis. (144)

*

Je weniger wir uns vor unsrer eigenen Phantasie scheuen, die im Wachen und Traum uns zu Verbrechern und Tieren macht, desto kleiner ist die Gefahr, daß wir in der Tat und Wirklichkeit an diesem Bösen zugrunde gehen. (145)

*

Was in der Welt an Geistigem erreicht und geleistet wurde, wurde es immer nur dadurch, daß Ideale und Hoffnungen aufgestellt wurden, die weit über das momentan Mögliche hinausgingen. (146)

*

Wir wollen wo möglich einen Kern in uns bewahren, ein eigenes Schwergewicht, das uns daran hindert, mit in die sinnlose zentrifugale Schwingung gerissen zu werden, die immer unheimlicher wird und sich auch fern aller Politik in Tempo, Hetze und Unrast äußert. (147)

*

Es ist lebensgefährlich, sein Triebleben allzu einseitig unter die Herrschaft des triebfeindlichen Geistes zu stellen, denn jedes Stück unseres Trieblebens, dessen Sublimierung nicht völlig gelingt, bringt auf dem Wege der Verdrängung schwere Leiden. (148)

*

Es kommt alles wieder, was nicht bis zu Ende gelitten und gelöst wird. (149)

*

Nach meiner Meinung darf der Weg aus unseren Kulturkrankheiten heraus nicht eine »Rückkehr zur Natur« sein, sondern ein immer feineres Anpassen ans Kulturelle; so ziemt es mir eigentlich nicht, in die Wälder zu fliehen, so sehr das der Romantiker in mir wünschen mag. (150)

*

Die meisten Berufe, und zwar gerade die »höheren«, spekulieren in ihrer jetzigen Organisation auf die egoistischen, feigen, bequemen Instinkte des Menschen. Er hat es leicht, wenn er fünfe gerade sein läßt, wenn er sich duckt, wenn er den Herrn Vorgesetzten nachahmt; und er hat es unendlich schwer, wenn er Arbeit und Verantwortlichkeit sucht und liebt. (151)

*

Wirkliche Tugenden stören immer und erregen Haß. (152)

*

Wir sollen nicht aus der Vita activa in die Vita contemplativa fliehen, noch umgekehrt, sondern zwischen beiden wechselnd unterwegs sein, in beiden zu Hause sein, an beiden teilhaben. (153)

*

Je mehr wir von uns verlangen oder je mehr unsere jeweilige Aufgabe von uns verlangt, desto mehr sind wir auf die Kraftquelle der Meditation angewiesen, auf die immer erneute Versöhnung von Geist und Seele... Die wirklich großen Männer der Weltgeschichte haben alle entweder zu meditieren verstanden oder doch unbewußt den Weg dorthin gekannt, wohin Meditation uns führt. Die andern, auch die begabtesten und kräftigsten, sind alle am Ende gescheitert und unterlegen, weil ihre Aufgabe, oder ihr ehrgeiziger Traum, so von ihnen Besitz ergriff, sie so besaß und zu Besessenen machte, daß sie die Fähigkeit verloren, sich immer wieder vom Aktuellen zu lösen und zu distanzieren. (154)

*

Jeder muß einmal den Schritt tun, der ihn von seinem Vater, von seinen Lehrern trennt, jeder muß etwas von der Härte der Einsamkeit spüren, wenn auch die meisten Menschen wenig davon ertragen können und bald wieder unterkriechen. (155)

*

Überall Gemeinsamkeit, überall Zusammenhocken, überall Abladen des Schicksals und Flucht in warme Herdennähe! (156)

*

Der werdende junge Mensch, wenn er den Drang zu starker Individualisierung hat, wenn er vom Durchschnitts- und Allerweltstyp stark abweicht, kommt notwendig in Lagen, die den Anschein des Verrückten haben... Es gilt nun nicht, seine »Verrücktheiten« der Welt aufzuzwingen und die Welt zu revolutionieren, sondern es gilt, sich für die Ideale und Träume der eigenen Seele gegen die Welt so viel zu wehren, daß sie nicht verdorren. (157)

*

Pietätlosigkeit ist eine herrliche Tugend, wenn sie naiv geübt wird. Als Absicht, als Programm aber wirkt sie verstimmend. (158)

*

Wir junge Menschen müssen uns wehren, um nicht unterzugehen. Es ist uns mit Gesetzen und guten Vorschriften allein nicht geholfen. Wir wollen vor allem lieben, wollen unsere Seele glühen fühlen; wir wollen nicht die Welt einreißen – nur die Ketten, in die wir uns selber geschmiedet haben! (159)

*

Ihre theoretische Frage, ob ein Menschenleben mehr wert sei als die Matthäuspassion, ist Spielerei, und die Antwort, zu der Sie neigen, ist gefährlich. Der Mensch ohne Geist, ohne Geschichte, ohne Kunst ist weniger wünschenswert als jedes Tier, und wenn das nackte Leben mehr wert sein soll als die Geschichte und Kunst, dann sind wir bei »Blut und Boden«, einer Gesinnung, von der wir ja wissen, daß sie vor dem Menschenleben und seiner Erhaltung nicht den mindesten Respekt hat. Der einzelne Mensch ist nicht an sich ein hoher Wert, sondern als Möglichkeit, als Weg zum Geist hin.

(160)

*

Ich glaube: daß das an sich sinnlose und nichts als grausame Menschenleben dem einzelnen die Möglichkeit läßt, gegen hohen Einsatz es mit Sinn und Schönheit anzufüllen. Ich finde aber selten einen, der dazu nicht lächelt... [Man] flieht entweder in ein privates Vergessen oder Trauern oder rüstet sich zum Kampf, um Gewalt mit Gewalt zu erwidern und eine nächste große Zeit mit Kanonen und Gas vorzubereiten. (161)

*

Es hatte sich gezeigt, daß in Zeiten der Beunruhigung und der allgemeinen Sorge ein Mann desto brauchbarer ist, je mehr er sein Leben und Denken auf Geistiges und Überpersönliches gerichtet, je mehr er verehren, beobachten, anbeten, dienen und opfern gelernt hat. (162)

*

Keiner von uns kann mehr geben, als er hat, aber auch der Bescheidene, ja Arme ist eben genau insoweit wertvoll und edler Wirkung fähig, als sein innerstes Fühlen mit dem Lebenswillen der Natur einig ist. Alles davon Abweichende führt höchstens zu interessanten Mißgewächsen. (163)

*

Ob diese Welt morgen untergehe oder nicht, ist nicht unsre Sorge noch unsre Verantwortung, wir müssen und wollen das, was uns an ihr erfreulich ist, und sei es nur der Himmel mit seinem zauberhaften Gewölk, so lang kosten und preisen, als wir da sind. Ich bekomme jeden Augenblick zu hören, wie rückständig und lächerlich meine Dichterei sei, blöde Großväter-Romantik, altes Eisen. (164)

*

Wir leben heute alle in Verzweiflung, alle wachen und leidensfähigen Menschen, und sind damit zwischen Gott und das Nichts gestellt. Zwischen ihnen atmen wir aus und ein, schwingen und pendeln. Wir hätten jeden Tag Lust, das Leben hinzuwerfen, und werden doch von dem Teil in uns gehalten, der überpersönlich ist. So wird unsere Schwäche, ohne daß wir darum Helden wären, zur Tapferkeit. Und wir retten ein wenig vom überlieferten Glauben für die Kommenden. (165)

*

Lernen Sie, einerlei wo, einmal wirklich dienen, wirklich sich hingeben, wirklich an die Sache zu denken, statt an sich selber, das ist der einzige Weg aus Ihrer Einöde heraus. (166)

*

Die Verzweiflung schickt uns Gott nicht, um uns zu töten, er schickt sie uns, um neues Leben in uns zu wekken. (167)

*

Vor allem aber kommt es darauf an, wie man sich innen einstellt, ob man das Schwere schwer und steif nimmt oder elastisch. Durch bloßen Entschluß sich die Schwere nehmen und sich wieder den Schwung geben kann man ja nicht, aber es ist gut, daran zu denken und das Vertrauen auf die Flügel nicht zu verlieren, auch wenn sie grade müd und reparaturbedürftig sind. (168)

*

Ein moralisches Verhalten zur Welt ist nur dann möglich und förderlich, wenn man die Schweinerei des Lebens, die Mitschuld an Tod und Sünde, kurz, die ganze Erbsünde auf sich nimmt und darauf verzichtet, die Schuld immer bei andern zu sehen. (169)

*

Das »Du sollst nicht töten!« ist nicht das starre Gebot

eines lehrhaften »Altruismus«. Altruismus ist etwas, was in der Natur nicht vorkommt. Und »Du sollst nicht töten!« heißt nicht: du sollst dem andern nicht wehtun! Es heißt: du sollst dich selbst des andern nicht berauben, du sollst dich selbst nicht schädigen! Der andere ist ja kein Fremder, ist ja nichts Fernes, Beziehungsloses, für sich Lebendes. Alles auf der Welt, alle die tausend »anderen« sind ja für mich nur da, insofern ich sie sehe, sie fühle, Beziehungen zu ihnen habe. Aus Beziehungen zwischen mir und der Welt, den »anderen«, besteht ja einzig mein Leben. (170)

*

Ich kann zwar verstehen, daß man im Hunger mehr Mühe hat, gerecht zu sein, als wenn man satt ist, aber ich kann nicht zugeben, daß Schlechtgehen und Not die Moral aufheben sollen. (171)

*

Wo das Behagen aufhört und die Not beginnt, da setzt die Erziehung ein, die das Leben uns geben will. (172)

*

Einsamkeit ist der Weg, auf dem das Schicksal den Menschen zu sich selber führen will. (173)

*

Unsere Aufgabe als Menschen ist: innerhalb unseres

eigenen, einmaligen, persönlichen Lebens einen Schritt weiter zu tun vom Tier zum Menschen. (174)

*

Damit das Mögliche entsteht, muß immer wieder das Unmögliche versucht werden. (175)

*

Luxus gibt man leicht auf, wenn man ein Ziel hat und weiß, warum. (176)

*

Wenn man etwas für recht hält, muß man es auch tun. (177)

*

Man soll auch das Gute nicht unter Zwang tun. (178)

*

Wer eine Berufung empfängt, der nimmt damit nicht nur ein Geschenk und einen Befehl entgegen, er nimmt auch etwas wie eine Schuld auf sich, so wie der Soldat, der aus den Reihen seiner Kameraden geholt und zum Offizier befördert wird, dieser Beförderung desto würdiger ist, je mehr er sie mit einem Gefühl von Schuld, ja schlechtem Gewissen seinen Kameraden gegenüber bezahlt. (179)

*

Mein Leben, so etwa nahm ich mir vor, sollte ein Transzendieren sein, ein Fortschreiten von Stufe zu Stufe, es sollte ein Raum um den andern durchschritten und zurückgelassen werden, so wie eine Musik Thema um Thema, Tempo um Tempo erledigt, abspielt, vollendet und hinter sich läßt, nie müde, nie schlafend, stets wach, stets vollkommen gegenwärtig. Im Zusammenhang mit den Erlebnissen des Erwachens hatte ich gemerkt, daß es solche Stufen und Räume gibt und daß jeweils die letzte Zeit eines Lebensabschnittes eine Tönung von Welke und Sterbenwollen in sich trägt, welche dann zum Hinüberwechseln in einen neuen Raum, zum Erwachen, zu neuem Anfang führt. (180)

*

Ein erreichtes Ziel ist kein Ziel. (181)

*

Ich bin oft müde und ohne Glauben und Mut, aber ich glaube, man muß diese Zustände nicht eigentlich bekämpfen, sondern sich ihnen überlassen, einmal weinen, einmal gedankenlos brüten, und nachher zeigt sich, daß inzwischen die Seele doch gelebt hat und irgend etwas in einem vorwärts gegangen ist. (182)

*

Den Glauben, daß uns kein Glück oder Unglück geschieht, dem wir nicht einen Sinn und eine Wendung ins

Wertvolle geben können, den habe ich heute wie immer und gebe ihn weder für mich noch für andre auf.

(183)

*

Man hat die Schicksale, die man hervorruft und die zu einem passen. (184)

*

Es tut gerade in schwerer Zeit nichts so wohl, als sich der Natur hinzugeben, nicht passiv oder genießend, sondern schaffend. (185)

*

Man muß sich nur immer wieder an das Lebendige halten. Der »Geist« läßt uns oft im Stich, und selten ist er so viel wert wie das, was uns nur für ein wenig Liebe und Geduld die Natur gibt: mit einer Katze spielen, oder ein Feuer anzünden, oder den Wolken zusehen, das alles sind Quellen, an die man bloß zu klopfen braucht.

(186)

*

Ob ich ein Moos, einen Kristall, eine Blume, einen goldenen Käfer bewundere oder einen Wolkenhimmel, ein Meer mit den gelassenen Riesen-Atemzügen seiner Dünungen, einen Schmetterlingsflügel mit der Ordnung seiner kristallenen Rippen, dem Schnitt und den farbigen Einfassungen seiner Ränder, der vielfältigen Schrift und Ornamentik seiner Zeichnung und unendlichen, süßen, zauberhaft gehauchten Übergängen und Abtönungen der Farben – jedesmal wenn ich mit dem Auge oder mit einem andern Körpersinn ein Stück Natur erlebe, wenn ich von ihm angezogen und bezaubert bin und mich seinem Dasein und seiner Offenbarung für einen Augenblick öffne, dann habe ich in diesem selben Augenblick die ganze habsüchtige blinde Welt der menschlichen Notdurft verlassen und vergessen, und statt zu denken oder zu befehlen, statt zu erwerben oder auszubeuten, zu bekämpfen oder zu organisieren, tue ich für diesen Augenblick nichts anderes als »erstaunen« wie Goethe, und mit diesem Erstaunen bin ich nicht nur Goethes und aller andern Dichter und Weisen Bruder geworden, nein, ich bin auch der Bruder alles dessen, was ich bestaune und als lebendige Welt erlebe: des Falters, des Käfers, der Wolke, des Flusses und Gebirges, denn ich bin auf dem Weg des Erstaunens für einen Augenblick der Welt der Trennungen entlaufen und in die Welt der Einheit eingetreten, wo ein Ding und Geschöpf zum andern sagt: Tat twam asi. (»Das bist Du.«) (187)

Bildung,
Schule, Erziehung

Ich halte unsre Schule, die im Menschen je nachdem bis zum vierzehnten, achtzehnten oder zwanzigsten Jahr nur eine Vorstufe ohne Eigenwert sieht, nicht für einwandfrei. Ich lese manchmal in Historien und Memoiren mit Erstaunen, wie früher häufig Männer in Jahren, wo sie heute noch vier Examina bis zur Menschwerdung vor sich hätten, bedeutende Stellen innegehabt und Bedeutendes geleistet haben. Ich denke mir dann mit Betrübnis eine noch etwas vorsichtigere Zeit, in der man Student nicht vor dreißig, Beamter nicht vor vierzig werden kann. Das Heiraten wird dann auch entsprechend später möglich werden, und anständige Leute werden, noch mehr als heute, legitime Kinder erst in einem Alter erzeugen können, in dem man den armen Kleinen nur noch Reste mitzugeben hat. (188)

*

Die Schule befaßte sich nicht mit jenen ernsthaften Fertigkeiten, welche für das Leben unentbehrlich sind, sondern vorwiegend mit Kenntnissen, von welchen mir manche lebenslänglich treu geblieben sind; so weiß ich heute noch zahlreiche schöne und witzige lateinische Wörter und Verse, sowie die Einwohnerzahlen vieler Städte – natürlich nicht die von heute, sondern die von 1890. (189)

*

Es gibt eine sehr begabte Art von Schülern, welche trotz ihrer Begabung zu allen Zeiten den Lehrern unangenehm und lästig ist, weil bei ihnen das Talent nicht eine von unten und innen her gewachsene und begründete organische Stärke ist, das zarte adelnde Stigma einer guten Natur, eines tüchtigen Blutes und eines tüchtigen Charakters, sondern gleichsam etwas Angeflogenes, Zufälliges, ja Usurpiertes oder Gestohlenes. Ein Schüler von geringem Charakter, aber hohem Verstand oder glänzender Phantasie bringt unweigerlich den Lehrer in Verlegenheit: er soll diesem Schüler das Ererbte an Wissen und Methode beibringen und ihn zur Mitarbeit am geistigen Leben fähig machen – und muß doch fühlen, daß seine eigentliche, höhere Pflicht es wäre, die Wissenschaften und Künste gerade vor dem Zudrang der Nurbegabten zu schützen, denn der Lehrer hat ja nicht dem Schüler zu dienen, sondern beide dem Geist. Jede Förderung eines Schülers, der zwar zu glänzen, aber nicht zu dienen fähig ist, bedeutet im Grunde eine Art von Verrat am Geist. Wir kennen in der Geschichte mancher Völker Perioden, in welchen bei tiefgehender Störung der geistigen Ordnungen geradezu ein Ansturm der Nurbegabten auf die Leitung der Gemeinden, der Schulen und Akademien, der Staaten stattgefunden hat und in allen Ämtern hochtalentierte Leute saßen, welche alle regieren wollten, ohne dienen zu können. Diese Art von Talenten rechtzeitig zu erkennen, noch ehe sie sich der Fundamente eines geistigen Berufs ermächtigt haben, und sie mit der notwendigen Härte auf die Wege zu ungeistigen Berufen zurückzuschicken, ist gewiß oft sehr schwer. (190)

*

Ohne viel Verständnis, aber mit dem stärkenden Gefühl, der Überlegene zu sein, steht der Erwachsene dem Kinde gegenüber. Bis sich zeigt, daß dies Gefühl der Überlegenheit nur auf tiefem Nichtkennen beruht. (191)

*

Abschrecken ist kein Erziehungsmittel. (192)

*

Wenn ein begabtes Kind Jahre und Jahre, eine ganze Jugend lang, vergewaltigt, geschlagen, verschüchtert, verschachert, verängstigt worden ist, wenn dann ein edler Retter kommt und dieses Kind plötzlich befreit, so darf er von dem Kinde nicht erwarten, es werde nun vor allem den heißen Wunsch äußern, Amtsrichter zu werden oder sich sonst nützlich zu machen. Vielleicht zündet es auch zuerst ein Haus an oder macht andere Streiche. (193)

*

Wir haben den Trost, daß bei den wirklich Genialen fast immer die Wunden vernarben und daß aus ihnen Leute werden, die der Schule zu Trotz ihre guten Werke schaffen und welche später, wenn sie tot und vom angenehmen Nimbus der Ferne umflossen sind, anderen Generationen von ihren Schulmeistern als Prachtstücke und edle Beispiele vorgeführt werden. Und so wiederholt sich von Schule zu Schule das Schauspiel des Kampfes zwischen Gesetz und Geist, und immer wieder sehen wir Staat und Schule atemlos bemüht, die alljährlich auftauchenden paar tieferen und wertvolleren Geister an der Wurzel zu knicken. Und immer wieder sind es vor allem die von den Schulmeistern Gehaßten, die Oftbestraften, Entlaufenen, Davongejagten, die nachher den Schatz unseres Volkes bereichern. Manche aber – und wer weiß wie viele? – verzehren sich in stillem Trotz und gehen unter. (194)

*

Meine Forderung an die Zukunft ist nicht Gleichschaltung der Geistigen mit den erfolgreichen Verdienern: der Geistige soll keineswegs an den Tischen der Reichen sitzen und am Luxus teilhaben, er soll mehr oder weniger Asket sein – aber er soll dafür nicht auch noch verlacht, sondern geachtet sein, und das Minimum an Materiellem soll ihm von selber zustehen, so etwa wie in den Zeiten klösterlicher Kultur der Ordensbruder, ohne persönliche Habe besitzen zu dürfen, doch leben konnte und im Maß seiner Leistung Anteil hatte am Ruhm und der Autorität seines Ordens. Eine eigentliche Aristokratie darf nicht die Ordnung des geistigen Lebens sein; Aristokratie beruht auf Erblichkeit, und der Geist ist nicht physisch vererbbar. Statt dessen stellt jede gute Ordnung des geistigen Lebens eine Oligarchie der Geistigsten dar, mit Offenhaltung aller Bildungsmittel für jeden Begabten. (195)

*

Habe Ehrfurcht vor dem »Sinn«, aber halte ihn nicht für lehrbar. (196)

*

Es führt zu keinem Ziel, wenn man das zufällige Ich der Sinne tötet, dafür aber das zufällige Ich der Gedanken und Gelehrsamkeit mästet. (197)

*

Jedes Kulturideal der Vergangenheit würde, wenn wir es übernehmen wollten, zu Gift für uns werden. Schöne, in sich vollkommene Kulturgebilde der Vergangenheit aber bewundernd betrachten, ihre Vollkommenheit lieben, ihre Geistigkeit verstehen, die Bedingungen ihres Entstehens und ihres Wiedervergehens erkennen – das ist nicht Historienkult und leere Gelehrsamkeit, sondern lebenfördernder Genuß. (198)

*

Die jungen Leute finden in meinen Schriften eine Stärkung des Individuellen, während die Lehrer gerade das Gegenteil anstreben, möglichste Normalität und Uniformierung der jungen Seelen, was ganz in Ordnung und begreiflich ist. Daß beide Funktionen, meine zum Individualismus verführende und die normalisierende der Schule notwendig sind und einander ergänzen müssen, daß sie zusammengehören wie Ein- und Ausatmen und wie alle bipolaren Vorgänge, dies einzusehen und sich mit dem Gegner in Liebe Eins zu wissen, auch wo man ihm Widerstand leisten muß, dazu gehört ein wenig Weisheit und ein wenig Ehrfurcht und Frömmigkeit, und das sind Eigenschaften, die man heute beim Lehrer so wenig voraussetzen darf wie bei anderen Leuten. Die Welt ist, vielleicht noch auf lange Zeit, in den Händen der grands simplificateurs, und eine Erholung davon wird vermutlich erst nach einer Katastrophe möglich sein, von der wir seit 1914 erst die Anfänge gesehen haben. (199)

*

Es werden auch in der Erziehung Freiheit und Humor nicht schaden, solange man das Gefühl der Überlegenheit und namentlich das Vertrauen der Kinder noch hat. (200)

Religion und Kirche

Die ernsthafte und fruchtbare Verständigung zwischen Ost und West ist nicht nur auf politischem und sozialem Gebiet die große, noch unerfüllte Forderung unserer Zeit, sie ist eine Forderung und Lebensfrage auch auf dem Gebiet des Geistes und der Lebenskultur. Es geht heute nicht mehr darum, Japaner zum Christentum, Europäer zum Buddhismus oder Taoismus zu bekehren. Wir sollen und wollen nicht bekehren und bekehrt werden, sondern uns öffnen und weiten, wir erkennen östliche und westliche Weisheit nicht mehr als feindlich sich bekämpfende Mächte, sondern als Pole, zwischen denen fruchtbares Leben schwingt. (201)

*

Die Warnungen vor dem »gefährlichen Osten«, die wir zur Zeit so häufig vernehmen, stammen alle von Lagern, die Partei sind, die ein Dogma, eine Sekte, ein Rezept zu hüten haben. (202)

*

Lernen Sie das Nichtverstehen, das Leid, die Sinnlosigkeit als Vorbedingung für alles erkennen, was der Menschheit wert sein kann. *Wie* Sie nachher Ihren Glauben formulieren, ob christlich oder sonstwie, ist einerlei. Es gibt keine andern Götter, als die der Mensch sich macht. (203)

*

Daß Gott in jedem von uns lebt, daß jeder Fleck Erde

uns Heimat sei, jeder Mensch uns verwandt und Bruder ist, daß das Wissen um diese göttliche Einheit alle Trennung in Rassen, Völker, in Reich und Arm, in Bekenntnisse und Parteien als Spuk und Täuschung entlarvt – das ist der Punkt, auf den wir zurückkehren, wenn furchtbare Not oder zarte Rührung unser Ohr geöffnet und unser Herz wieder liebefähig gemacht hat. (204)

*

Wem Gott kein Götze ist und wer das Gebet nicht als Zauberformel ausübt, sondern als innigste Zusammenfassung aller inneren Kräfte erlebt, als gespannten Willen zum Guten, zum Besten, zum einzig Notwendigen, der wird aus den Gebeten von heute sein Leben lang Kraft schöpfen; denn sie haben ihn genötigt, das eigene Herz zu prüfen, Faules zu bekämpfen, Strebendes zu steigern, kleine eigene Interessen über großen allgemeinen zu vergessen. (205)

*

Wem es bestimmt ist, der muß einmal im Leben so einsam, so vollkommen einsam werden, daß er in sein innerstes Ich zurückgezogen ist.
Dann ist man plötzlich nicht mehr allein. Man findet: unser innerstes Ich ist der Geist selbst, ist Gott, ist das Unteilbare. Und damit ist man wieder mitten in der Welt, von ihrem Vielerlei unangefochten, denn man weiß sich im Innersten eins mit allem Sein. (206)

*

Eure Zukunft und euer schwerer, gefährlicher Weg ist dieser: reif zu werden und Gott in euch selbst zu finden… Stets habt ihr Gott gesucht, aber niemals in euch selbst. Er ist nirgends sonst. Es gibt keinen andern Gott, als der in euch ist. (207)

*

Die geistigen Übungen, Meditationen führen in allmählichen Stufen zum Ziel der Erkenntnis. Diese beruht darin, daß das Ich sich als eine Täuschung erweist, dann tritt anstelle des Ich-Bewußtseins das Allbewußtsein, die erlöste Seele kehrt aus Vereinzelung und Irrung ins All (Nirwana) zurück. (208)

*

Dort, wo die Gegensätze erlöschen, ist Nirwana. (209)

*

Ich halte das Verwechseln von innerer und äußerer Aufgabe, von Seele und Politik für eines der größten tragischen Motive der Geschichte, eben, weil ich nicht an ein Reich Gottes glaube, das anderswo ist als da, wo Jesus es seinen Jüngern gezeigt hat: »inwendig in uns innen«. (210)

*

Atheismus ist lediglich die Negation einer Sache, welche niemals ein substantielles, stets bloß ein verbales Dasein hatte. (211)

*

Mein nie erreichtes, dennoch wertvolles Ideal ist: die Nötigungen des äußeren Lebens hinnehmen wie eine Rolle, die nun einmal nach Möglichkeit zu erfüllen ist – immer aber Gott nahe bleiben und sich mit dem Ganzen der Schöpfung eins wissen. (212)

*

Eine Moral kann das Ergebnis einer Religion sein, aber nie kann aus einer Moral eine Religion erbaut werden. Denn das Höhere ist die Religion. Ich glaube, daß es keine Religion gibt, die mit dem beginnt, während die meisten Weltanschauungen dort beginnen. (213)

*

Das Leben hat soviel Sinn, als wir ihm zu geben vermögen. Die Bibel und das Dogma und alle Philosophien sind nur eine Hilfe, diese Sinngebung zu erleichtern. Die Natur, die Pflanze und das Tier, bedarf der Sinngebung nicht, weil sie den Gedanken und die Sünde nicht kennt, sie lebt naiv und unschuldig. Wir Menschen sind weniger als Tiere, wenn wir versuchen wollen, ohne Sinn zu leben. Sinn gewinnt das Leben, wenn wir es, soweit möglich, dem naiven Streben nach egoistischer Lust entziehen und in einen Dienst stellen. Wenn wir diesen Dienst ernst nehmen, kommt der »Sinn« von selbst. (214)

*

Es gibt kein Bleiben in Gott! Es gibt keine Ruhe! Es gibt nur das ewige herrliche, heilige Ausgeatmetwerden und

Eingeatmetwerden, Gestaltung und Auflösung, Geburt und Tod, Auszug und Wiederkehr, ohne Pause, ohne Ende. (215)

*

Es geht alles vorüber und ist ein Nichts vor Gott, an dem wir mit jedem Einatmen und Ausatmen teilhaben können. (216)

*

Das Licht aus Osten, die Weisheit Indiens vor allem, verträgt sich mit der eigentlichen Lehre Christi viel besser, als die Priester zugeben wollen. (217)

*

Auch Ost und West sind nur vorübergehende Bezeichnungen für Pole unseres Inneren. (218)

*

Ich halte viel vom Ertragen und von der Geduld und allen passiven Tugenden und wenig vom Kämpfen. Meine lebenslängliche Opposition ist nicht die zugunsten eines realen Zieles, sondern die des Religiösen, der grundsätzlich immer zur »Welt« im Gegensatz steht und dem jede Partei, jedes Wirkenwollen auf andre gleich verdächtig ist. Ich stehe damit ziemlich allein, da meine »Religion« keine konfessionelle Färbung hat, sie ist im

Lauf meines Lebens aus indischen, chinesischen, christlichen und jüdischen Quellen langsam zusammengeronnen. (219)

*

Ich für mich glaube durchaus nicht, daß es eine beste und einzig wahre Religion oder Lehre gibt – wozu auch? Buddhismus ist sehr gut und Neues Testament auch, jedes zu seiner Zeit und da, wo es not tut. Es gibt Menschen, die haben Askese nötig, und andre, die brauchen anderes. Und auch der gleiche Mensch braucht nicht immer das gleiche, sondern bald braucht er Tat und Regsamkeit, bald Versenkung in sich, bald braucht er Spiel, bald Arbeit. So sind wir Menschen, und die Versuche, uns anders zu machen, mißglücken immer. Wenn zartes Mitfühlen, Güte und Mitleid das Höchste sind, dann war Franz von Assisi einer der größten Menschen, und Calvin, Savonarola und auch Luther waren wüste verbrecherische Fanatiker. Wenn aber die Tugend der Gewissenhaftigkeit und des heroischen Gehorsams gegen die Forderungen des eigenen Gewissens hochgeschätzt wird, dann war Calvin oder Savonarola ein wahrhaft großer Mensch. Wahr ist immer beides, und recht haben immer beide.
Als menschliches Ideal erscheint mir nicht irgendeine Tugend oder irgendein bestimmter Glaube, sondern als Höchstes, wonach Menschen streben können, erscheint mir die möglichste Harmonie in der Seele des einzelnen. Wer diese Harmonie hat, der hat das Gleiche, was die Psychoanalyse etwa freie Verfügbarkeit der Libido hei-

ßen würde und wovon das Neue Testament sagt: »Alles ist Euer«. (220)

*

Mir ist es nicht gegeben, Protestant oder Katholik, Bachianer oder Wagnerianer zu sein; mir bekommt Leben und Geschichte erst den vollen Sinn und Wert in der Mannigfaltigkeit, mit welcher Gott sich in unerschöpflich neuen Gestaltungen auslebt. Und so liebe und verehre ich, oft zum Ärger meiner lieben Nächsten, nicht nur Buddha und Jesus im selben Tempel, sondern kann auch neben Kant Spinoza, neben Nietzsche etwa Görres lieben und zu verstehen suchen, nicht aus Bildungsdrang oder Lust an Vielwisserei, sondern eben einfach aus Freude an der Vielfalt des Einen, am Reichtum der Farben, der zwischen Aristoteles und Nietzsche, zwischen Palestrina und Schubert spielt und der, wenn man nur des einen sicher ist, erst dem Leben seine ganze zärtliche Schönheit und scheinbar irrationale Buntheit gibt. Daher könnte ich neben den Geistern der Freiheit und freien Forschung niemals jene stillen Großen missen, denen Freiheit nie zur Angelegenheit des Verstandes wurde, denen Glaube und Unterordnung des Persönlichen tiefes Herzensbedürfnis war. (221)

*

Die Weisheit des Chinesen Lao Tse und die Weisheit Jesu oder die der indischen Bhagavad-Gita weisen ebenso deutlich auf die Gemeinsamkeit der seelischen Grundlagen durch alle Völker hindurch wie die Kunst aller Zeiten und Völker. Die Seele des Menschen in ihrer Fähigkeit zu lieben, in ihrer Kraft zu leiden, in ihrer Sehnsucht nach Erlösung, die blickt uns aus jedem Gedanken, aus jeder Tat der Liebe an, bei Plato und bei Tolstoi, bei Buddha und bei Augustinus, bei Goethe und bei Tausendundeiner Nacht. Daraus soll niemand schließen, Christentum und Taoismus, platonische Philosophie und Buddhismus seien nun zu vereinigen, oder es würde aus einem Zusammengießen aller durch Zeiten und Rassen, Klima und Geschichte getrennten Gedankenwelten sich eine Idealphilosophie ergeben. Der Christ sei Christ, der Chinese Chinese, und jeder wehre sich, für seine Art zu sein und zu denken. Die Erkenntnis, daß wir alle nur getrennte Teile des ewig Einen sind, sie macht nicht *einen* Weg, nicht *einen* Umweg, nicht ein einziges Tun oder Leiden auf der Welt entbehrlich. (222)

*

Wo wir unser Schicksal bejahen, da blüht Tao. (223)

*

Unseren modernen Kulturidealen ist das chinesische so entgegengesetzt, daß wir uns freuen dürfen, auf der anderen Seite der Erdkugel einen so ehrwürdigen Gegenpol zu besitzen. Ohne uns ihm sklavisch unterzuordnen, sollten wir vor diesem fremden Geist jene Achtung haben, ohne welche man nichts lernen und in sich aufnehmen kann, und sollten den fernsten Osten mindestens ebenso zu unsern Lehrern rechnen, wie wir es seit Goethe mit dem nahen Orient getan haben. Und wenn wir in den überaus anregenden, von Klugheit funkelnden Gesprächen des Konfuzius lesen, so sollen wir sie nicht als ein verschollenes Kuriosum aus vergangenen Zeiten betrachten, sondern daran denken, daß nicht nur die Lehre des Konfuzius dies riesige Reich durch zwei Jahrtausende erhalten und gestützt hat, sondern daß heute noch die Nachkommen des Konfuzius in China leben, seinen Namen tragen und mit Stolz von ihm wissen – woneben auch der allerälteste und kultivierte Adel Europas kindlich jung erscheint. Lao Tse soll uns nicht das Neue Testament ersetzen, aber er soll uns zeigen, daß ähnliches auch unter andrem Himmel und in noch früheren Zeiten gewachsen ist, und das soll unsern Glauben daran stärken, daß die Menschheit trotz allem eine Einheit ist und gemeinsame Möglichkeiten, Ideale und Ziele hat. (224)

*

Die Weisheit [der] alten Chinesen ist, wie jede Weisheit, zum Teil Tugendlehre; dies ist der konfuzianische Teil der chinesischen Philosophie. Zum Teil aber ist sie auch Mystik, Ergebnis einsamer Meditation und Vorstoß und die glühendsten Regionen seelischen Lebens – dies ist der taoistische Teil. Gemeinsam ist beiden der Geist der Ehrfurcht und Lauterkeit, der Verzicht auf jedes Schönsein und jede Sophistik und eine gewisse über allem schwebende Heiterkeit, eine gewisse Diesseitigkeit oder Weltfrömmigkeit, außerdem ist diese

Weisheit bildhaft und nicht abstrakt und wird oft zu märchenhafter Gleichnis-Dichtung wie etwa bei Dschuang Dsi. (225)

*

Ich glaube an den Menschen als eine wunderbare Möglichkeit, die auch im größten Dreck nicht erlischt und ihm aus der größten Entartung zurückzuhelfen vermag, und ich glaube, diese Möglichkeit ist so stark und so verlockend, daß sie immer wieder als Hoffnung und als Forderung spürbar wird, und die Kraft, die den Menschen von seinen höheren Möglichkeiten träumen läßt und ihn immer wieder vom Tierischen wegführt, ist wohl immer dieselbe, einerlei ob sie heut Religion, morgen Vernunft und übermorgen wieder anders genannt wird. Das Schwingen, das Hin und Her zwischen dem realen Menschen und dem möglichen, dem erträumbaren Menschen ist dasselbe, was die Religionen als Beziehung zwischen Mensch und Gott auffassen. (226)

*

Das, was Sie Fortschritt nennen, vollzieht sich, wie die ganze geistige Geschichte der Menschheit, nicht in der Masse, sondern in einer kleinen Minderheit von Menschen, die »eines guten Willens« sind. Das war immer so. Überall da, wo diese kleine Minderheit Macht erlangt, entsteht für einen Augenblick das Göttliche auf der Erde: Religion, Kultur. Und unsre Aufgabe ist es nicht, die unkorrigierbare Welt zu belehren, sondern eben immer wieder diese Minderheit zu bilden und das bedrohte kleine Reich Gottes nicht aussterben zu lassen. (227)

*

Jeder, der an einen Sinn im Leben und an die hohe Bestimmung des Menschen glaubt, ist im heutigen Chaos wertvoll, einerlei zu welcher Konfession er gehört und an welche Zeichen er glaubt. (228)

*

Mag jeder sich sein eigenes Bild von der Welterlösung machen, wichtig und bedeutsam für jeden ist vor allem der Gedanke der Erlösung durch Liebe. Es rufen und mahnen uns dazu alle Stimmen der großen Denker, Dichter und Künstler, und der tiefe Wert all dieser Stimmen liegt einzig darin, daß sie eine Wirklichkeit, einen Weg, eine Möglichkeit verkünden, die in jedes Menschen Brust lebendig vorhanden ist. (229)

*

Wenn ich den Glauben an allein richtige, allein seligmachende Dogmen nicht teilen kann, so kenne ich doch das Erlebnis der Versöhnung und der Hingabe an einen Glauben aus mir selbst und komme mir damit gar nicht unselig und verirrt und protestantisch vor, sondern freue mich und bin damit dankbar einverstanden, daß das Unsagbare auf so viele Arten erlebt und gedeutet werden kann. (230)

*

Was mir an einem Glauben wie dem Ihren nicht ganz gefällt, ist lediglich die Einseitigkeit, mit der Sie ihn an meine Person und meine Schriften knüpfen. Denn dieselben Wahrheiten sind überall, durch alle Zeiten und Literaturen, von einer geistigen Oberschicht der Menschheit geglaubt und gesagt worden. Daß die Masse sie nicht annimmt, daß also unser Reich »nicht von dieser Welt« ist, hat niemand so genau gewußt und so scharf formuliert wie Jesus. Diese Wahrheiten werden nie Gemeingut werden und die menschliche Dummheit abschaffen. Sie werden aber auch ebenso unsterblich sein wie jene Dummheit. (231)

*

Das religiöse Erlebnis, das mystische sowohl wie das der Gemeinschaft, ist zwar ein typisches allgemeines, durchaus überpersönliches; aber es ist nun einmal so, daß es dennoch in seinen hohen Formen nur vom Individuum, von der hochentwickelten Persönlichkeit, vom Genie ganz erfüllt wird. (232)

*

Der Mensch ist jeder Dummheit und jeder Gemeinheit ebenso fähig wie jeder Hingabe an Sinn und Harmonie der Welt, und vermutlich sind die Dummen und Gemeinen stets in der Überzahl gewesen. Wie Gott darüber denkt, erfährt man in klassischer Form aus dem Gespräch Abrahams mit Gott wegen der Stadt Sodom. Gott läßt sich bis auf eine Mindestzahl an »Gerechten« herunterhandeln, und das Großartige an diesem zähen

Handel ist, daß nicht Gott den Menschen zur Nachsicht und Duldung mahnt, sondern umgekehrt. (233)

*

Wenn man den Glauben ganz ernst und voll nimmt, dann ist es ja nicht der Glaube an uns, der Glaube an unsre Gesinnung, unsre Treue, Tapferkeit etc., auf den es ankommt, sondern nur das Glauben an die wartende, die mögliche Gnade, die wir nie verdienen, aber immer hoffen können. Was den schwachen Petrus zum Fels machte, kann jeden zum Fels machen. Das ist es, was wir glauben sollen. Das andre, nämlich, daß wir Menschen zur Hälfte Viecher und jeder Dummheit und Feigheit fähig sind, brauchen wir ja nicht zu glauben, wir wissen es, es genügt ein Blick in den Alltag, ein Blick in die Geschichte, ein Blick ins eigene Leben und Herz. Diesem traurigen Wissen steht der befreiende Glaube gegenüber, darum ist er »höher denn alle Vernunft«. (234)

*

Was mich an Jesus interessiert und ihn mir wichtig macht, sind nicht seine historischen Bedingtheiten, sondern das Einmalige, daß er diesen Bedingtheiten entwachsen ist und sie hinter sich ließ. (235)

*

Wenn man die Sprüche des Neuen Testaments nicht als Gebote nimmt, sondern als Äußerungen eines ungewöhnlich tiefen Wissens um die Geheimnisse unsrer

Seele, dann ist das weiseste Wort, das je gesprochen wurde, der kurze Inbegriff aller Lebenskunst und Glückslehre, jenes Wort »Liebe deinen Nächsten wie dich selbst«, das übrigens auch schon im Alten Testamente steht. Man kann den Nächsten weniger lieben als sich selbst – dann ist man der Egoist, der Raffer, der Kapitalist, der Bourgeois, und man kann zwar Geld und Macht sammeln, aber kein recht frohes Herz haben, und die feinsten und schmackhaftesten Freuden der Seele sind einem verschlossen. Oder man kann den Nächsten mehr lieben als sich selbst – dann ist man ein armer Teufel, voll von Minderwertigkeitsgefühlen, voll Verlangen, alles zu lieben, und doch voll Rankünе und Plagerei gegen sich selber und lebt in einer Hölle, die man sich täglich selber heizt. Dagegen das Gleichgewicht der Liebe, das Liebenkönnen, ohne hier oder dort schuldig zu bleiben, diese Liebe zu sich selbst, die doch niemandem gestohlen ist, diese Liebe zum andern, die das eigne Ich doch nicht verkürzt oder vergewaltigt: Das Geheimnis alles Glücks, aller Seligkeit ist in diesem Wort enthalten. Und wenn man will, so kann man es auch nach der indischen Seite hin drehen und ihm die Bedeutung geben: Liebe den Nächsten, denn er ist du selbst!, eine christliche Übersetzung des »tat twam asi«. (236)

*

Was mir an den protestantischen Theologen mißfällt, das ist, daß sie nichts zu lehren haben, das Volk leer lassen und sich dafür ohne Kritik und Widerstand der materiellen Staatsmacht zur Verfügung stellen, den Fürsten, den Geldhabern, den Generälen, das tun sie heut, wie sie es immer getan haben, und das Volk hat an ihnen nichts von Mahnung, von Hemmung gegen das Hineingerissenwerden in die große Maschinerie... Zwar ist Luthers Schisma noch lange nicht, wie die Katholiken oft sagen, die Grundursache des deutschen Elends, aber sie ist sein schreiendstes Symptom. Man strebt zum Geistigsten und endet bei den Kanonen. Man verlegt das Gebet ins Kämmerlein, verwirft die guten Werke und rutscht verantwortungslos in alle Höllen, gegen die man Fels und Widerstand sein sollte. (237)

*

Uns älteren Leuten, welche schon allerlei erlebt haben, ist die Fähigkeit des Menschen zu allen Teufeleien wohlbekannt, und auch seine Fähigkeit, sie theologisch zu rechtfertigen, eben deshalb danken wir der katholischen Kirche dafür, daß sie sich so naiver Dinge wie Morallehre, Sündenverbieten etc. nicht schämt, sondern die Bestie zu zähmen versucht. (238)

*

Das Phantasieren, das Spielen mit Begriffen ohne Verantwortung und ohne bindende, anerkannte Dogmatik ist für mich ungenießbar. Das kann ich selber, ich brauche keine bezahlten Professoren dazu und halte sie für Schädlinge. Nur wenige starke Persönlichkeiten wie Kierkegaard konnten mir da zeitweise etwas bedeuten. Aber alle die rasch wechselnden Theologien, die nichts sind als unverbindliche Weltanschauungen und Debattiergegenstände, hinter denen keine Kirche, kein Dogma, keine Verantwortung, kein echter Kampf um legitime Formulierung steht – das hat mich nie interessiert. (239)

*

Die katholische Kirche als religiöse Institution ist ein wunderbares, verehrungswürdiges Gebäude. Es ist nichts dagegen einzuwenden, daß eine große Menge frommer, gläubiger, aber nicht an selbständiges Denken gewöhnter Menschen sich von dieser Kirche führen läßt. Wenn aber Dichter und Schriftsteller, von denen man doch eine eigene, selbständige religiöse Stellungnahme erwarten darf, sich ausdrücklich hinter die katholische Kirche stellen, sieht das eher nach einem Ausweichen vor selbständigem Denken und eigener Verantwortung aus. (240)

*

Mag Luther der Führer und oberste Repräsentant der Christen sein, denen der Durst nach Freiheit etwas Natürliches und Selbstverständliches ist, also der Individualisten, der über Durchschnitt Differenzierten an Geist, Charakter und Gewissen – es bleibt dann doch eben jener übergroße Teil der Menschheit übrig, der lieber gehorcht als selber entscheidet, der schwachen Geistes, aber doch guten Willens ist und die Denk- und Gewissenskämpfe jener andern gar nicht kennt. Diesen Teil der Menschheit in Ordnung zu halten, am Versumpfen oder Entarten zu hindern, ihm für Leben und

Sterben einen Trost zu spenden, und überdies manches schöne Fest, dazu sind Kirchen wie die von Rom gut. Sie haben Millionen geholfen, das Leben zu bestehen und schöner zu machen, und haben uns andere überdies mit den herrlichsten Architekturen, Mosaiken, Fresken und Skulpturen beschenkt, lauter Dinge, die von Protestanten zwar entweder kaputtgeschlagen oder hochgeschätzt, niemals aber geschaffen werden können.

(241)

*

Was Deutschland nach dem Mittelalter der Welt zu geben hatte, gab es in der Musik. Wenn ich mich manchmal darauf zu besinnen suche, was ich an Christentum in mir habe oder wo die letzte reine Gestaltwerdung dieses Christentums liegt, so fallen mir unfehlbar die Kantaten und Passionen von Bach ein: dort, nicht in der Dichtung, ist zum letztenmal Christentum Form geworden. (242)

*

Jede Erscheinung auf Erden ist ein Gleichnis, und jedes Gleichnis ist ein offenes Tor, durch welches die Seele, wenn sie bereit ist, in das Innere der Welt zu gehen vermag, wo du und ich und Tag und Nacht alle eines sind.

(243)

*

Der Glaube geht nicht durch den Verstand, so wenig wie die Liebe. (244)

*

Wenn es eine jenseitige Rechenschaft und ein jenseitiges Gericht gibt, so wird es uns nicht nach unsrer logischen, nur nach unsrer moralischen Klarheit fragen, und da werden wir mehr der Gnade als der Gerechtigkeit bedürfen. (245)

*

Unsterblichkeit? Keinen Rappen gebe ich darum! Wir wollen hübsch sterblich bleiben! (246)

*

Es gibt über die Welt verstreut sehr viele Gläubige und Fromme außerhalb der Kirchen und Konfessionen, Menschen guten Willens, welche der Niedergang der Menschlichkeit und das Hinsterben des Friedens und Vertrauens in der Welt schwer beängstigt. Für diese Frommen gibt es keine Priester und keine kirchlichen Tröstungen, aber Rufer in der Wüste, Heilige und Märtyrer gibt es auch für sie. (247)

*

Woran wir beide, [Thomas Mann] und ich, trotz Resignation und mancherlei Skepsis glauben, ist natürlich nichts Theologisches, wir glauben beide nicht an ein Walten und Eingreifen »höherer« Mächte unabhängig vom menschlichen Willen, aber wir glauben an einen in Zahlen nicht auszudrückenden Fonds von Anständigkeit, gutem Willen und Friedensliebe bei der Mehrzahl der Menschen, und wir glauben einigermaßen auch an die Möglichkeit, dies bescheidene Gute bei unsern Lesern zu wecken und zu stärken. Wir sind damit nicht allein. (248)

*

Ich teile den Glauben nicht, daß die wissenschaftliche Durchforschung des Okkultismus uns vom Aberglauben befreien werde... Das Heilmittel gegen den Aberglauben ist nicht die Wissenschaft, sondern der Glaube. Ein organischer Glaube, einerlei welcher Konfession, ist die einzige bewährte Medizin gegen den Aberglauben, und die Zeiten ohne Glauben sind stets dem Aberglauben günstig, auch wenn sie über eine hoch entwikkelte Wissenschaft verfügen. Das, was ich Glauben nenne, ist nicht Ergebnis des Lernens, sondern Ausdruck einer gesunden Weltbetrachtung, eines Vertrauens in die Ordnung der Welt, und dem »Okkulten« gegenüber vollzieht jeder gesunde Glauben ohne weiteres die uralte Scheidung in weiße und schwarze Magie, wobei die schwarze Magie als das Verbotene und schlechthin Böse erscheint. Für den Menschen, der das Seelen-Gleichgewicht des Glaubens hat, ist es nicht schwierig, weiß und schwarz zu unterscheiden, und ein Gläubiger wird nicht leicht das Opfer jener schwarzen Magier werden, welche heute durch Zeitungsinserate so viele Opfer finden. Indessen sind die Gläubigen nicht eben häufig, und die Beunruhigung durch die okkulten Erscheinungen dauert fort, und so mag die Wissenschaft wenigstens fortfahren, diese Phänomene zu untersuchen. (249)

*

Unser Weihnachten ist Reklameobjekt, Basis für Schwindelunternehmungen, beliebtester Boden für Kitschfabrikation. Die Weihnacht und das Fest der Liebe und Kindlichkeit ist für uns alle schon längst nicht mehr Ausdruck eines Gefühls. Es ist das Gegenteil, ist längst nur noch Ersatz und Talmi-Nachahmung eines Gefühls. Wir tun einmal im Jahre so, als legten wir großen Wert auf schöne Gefühle, als ließen wir uns es herzlich gern etwas kosten, ein Fest unserer Seele zu feiern. Dabei kann die vorübergehende Ergriffenheit von der wirklichen Schönheit solcher Gefühle sehr echt sein; je echter und gefühlvoller sie ist, desto mehr ist sie Sentimentalität. Sentimentalität ist unser typisches Verhalten den wenigen äußeren Anlässen gegenüber, bei denen noch heute Reste des Christlichen in unser Tagesleben eingreifen. Unser Gefühl dabei ist dieses: »Wie schön ist doch dieser Liebesgedanke, wie wahr ist es, daß nur Liebe erlösen kann! Und wie schade und bedauerlich, daß unsere Verhältnisse uns nur einen einzigen Abend im Jahr den Luxus dieses schönen Gefühls gestatten, daß wir sonst jahraus, jahrein durch Geschäfte und andere wichtige Sorgen davon abgehalten sind!« Dies Gefühl trägt alle Merkmale der Sentimentalität. (250)

*

Der Kirchengott und die Kirche schützen den Menschen, bis hinauf zu den höchsten Beamten der Kirche, vor den gröbsten moralischen Entgleisungen keineswegs. (251)

*

Unlösbar sind die Fragen nach dem Wesen Gottes oder des Weltgeistes, nach Sinn und Lenkung des Universums, nach der Entstehung der Welt und des Lebens. Das Denken und Debattieren darüber kann ein schönes und interessantes Spiel sein, zur Lösung unserer Lebensprobleme führt es nicht. (252)

Wissen
und Bewußtsein

Alles Wissen und alle Vermehrung unseres Wissens endet nicht mit einem Schlußpunkt, sondern mit Fragezeichen. Ein Plus an Wissen bedeutet ein Plus an Fragestellungen, und jede von ihnen wird immer wieder von neuen Fragestellungen abgelöst. (253)

*

Es gibt den Weg in die vom kalten Neonlicht bestrahlten Regionen der scheinbar vollkommenen Bewußtheit und Vernünftigkeit. Es gibt aber für den, der diese Regionen durchschritten hat, wieder Land, wieder Wärme, wieder Unschuld und Liebe. Nicht durch Flucht, sondern durch Transzendieren der kalten Regionen wird das erreicht, kann wieder verlorengehen und kann wieder erreicht werden. (254)

*

Wir haben erfahren, daß der Mensch seinen Intellekt bis zu erstaunlichen Leistungen kultivieren kann, ohne dadurch der eigenen Seele Herr zu werden. (255)

*

Was unser Verstand denkt und sagt, ist ein Fliegenschiß neben dem, was unter der »Schwelle« an Leben, Beziehungen, Verwandtschaften läuft und strömt. (256)

*

Was Sie über den Verstand sagen und gegen den Verstand haben, ist schon recht, aber ich glaube doch, der

Verstand am rechten Ort sei eine ganz gute Sache. Und wenn man für Gebiete des Lebens, auf denen der Verstand ein guter Führer ist, unbedingt den Instinkt oder die Intuition bemühen will, so wird es meist schiefgehen, ebenso wie umgekehrt. Man muß nur dem Verstand nicht Totalitätsansprüche zugestehen und ihn mit dem Geist gleichsetzen. (257)

*

Es ist eine drollige Erfahrung: der reine Verstandesmensch, mag er noch so goldene Worte und noch so scharfgespitzte Urteile von sich geben, wird uns sehr bald langweilig. Und ebenso werden uns die edlen Schwärmer für das Gemüt, die poetischen und enthusiastischen Spezialisten des Herzens bald langweilig. Der auf sich allein gestellte edle Geist wie das auf sich allein vertrauende edle Gemüt, sie haben beide eine Dimension zu wenig. Man merkt das im Leben des Alltags und im politischen Leben, man merkt es noch deutlicher in der Kunst. Das Gescheite wie das Innige, das Schnoddrige wie das Edle, es ist ohne seinen Bruder und Gegenpart nicht voll, nicht überzeugend, nicht liebenswert. Der Mensch wird uns langweilig, wenn er nur zwei Dimensionen hat. (258)

*

Die Philologen sind ein schnurriges Volk. Sie gehen mit der Mode, die zu machen sie sich einbilden. (259)

*

Es ist ein seltener Glücksfall, wenn ein großer Gelehrter zugleich ein bedeutender Schriftsteller ist. Der Impetus und die Gestaltungsfreude, die zum großen Schriftsteller gehört, wird von der Vorsicht des Gelehrten, der Langsamkeit des Sammlers, dem Mißtrauen des Quellenkritikers fast immer erstickt. (260)

*

Wir müssen und sollen zwar unseren Verstand gebrauchen und üben, aber nicht allein auf ihn hören. Die einfachen, gesunden Menschen, das »Volk«, werden mit dem Leben und seinen Abgründen dadurch fertig, daß sie sich in den Aufgaben und Freuden des Tags und der Stunde ausleben. Die Geistigen, die mit dem Zwang zum Denken, können in diese Unschuld nicht heimkehren. Sie brauchen ein Gegengewicht gegen die Intelligenz und ihre Eitelkeit, und dieses Gegenmittel ist die Befreundung mit der Natur. Die meisten »Gebildeten« benützen dazu, soweit sie nicht selbst Künstler sind, die Kunst, sie finden im Betätigen und Genießen von Malerei, Musik, Dichtung die Verbindung mit den Urkräften. Wem dies nicht genügt, der bedarf der Meditation, der Betrachtung und Versenkung. Der Weg dazu ist Yoga. Es gibt tausend Bücher darüber, die ich nicht gelesen habe, und es gibt z. B. in Nordamerika auch Yogaschulen, zum Teil mit indischen Lehrern. Auch sie kenne ich nur vom Hörensagen. Was ich zu gewissen Zeiten meines Lebens an Meditation nötig hatte, habe ich mir selbst erfunden, es ist nicht lehrbar und mittelbar. (261)

*

Es gibt in der tiefen Meditation die Möglichkeit, die Zeit aufzuheben, alles gewesene, seiende und sein werdende Leben als gleichzeitig zu sehen, und da ist alles gut, alles vollkommen, alles ist Brahman. Darum scheint mir das, was ist, gut, es scheint mir Tod wie Leben, Sünde wie Heiligkeit, Klugheit wie Torheit, alles muß so sein, alles bedarf nur meiner Zustimmung, nur meiner Willigkeit, meines liebenden Einverständnisses, so ist es für mich gut, kann mir nie schaden. Ich habe an meinem Leibe und an meiner Seele erfahren, daß ich der Sünde sehr bedurfte, ich bedurfte der Wollust, des Strebens nach Gütern, der Eitelkeit und bedurfte der schmählichsten Verzweiflung, um das Widerstreben aufgeben zu lernen, um die Welt lieben zu lernen, um sie nicht mehr mit irgendeiner von mir gewünschten, von mir eingebildeten Welt zu vergleichen, einer von mir ausgedachten Art der Vollkommenheit, sondern sie zu lassen, wie sie ist, und sie zu lieben und ihr gerne anzugehören. (262)

*

Tugenden sind ebenso wie Talente eine Art von gefährlichen, wenn auch jeweils nützlichen Hypertrophien, etwa wie gezüchtete Gänselebern von abnormer Größe. Da ich kein Talent, auch keine Tugend in mir hochziehen kann, ohne die dazu erforderliche Seelenenergie andern Trieben wegzunehmen, bedeutet jede hochgetriebene Tugend eine Spezialisierung auf Kosten unterdrückter und notleidender Lebensrichtungen, ebenso wie man den Intellekt auf Kosten der Sinnlichkeit, oder das Gefühl auf Kosten des Verstandes ins Kraut schießen lassen kann. (263)

*

Das Setzen eines Poles, das Annehmen einer Stelle, von wo aus die Welt angeschaut und geordnet wird, ist die erste Grundlage jeder Formung, jeder Kultur, jeder Gesellschaft und Moral. Wer Geist und Natur, Geist und Freiheit, Gut und Böse, sei es auch nur für einen Moment, als verwechselbar empfindet, ist der furchtbarste Feind jeder Ordnung... Höchste Wirklichkeit aber ist das magische Erlebnis von der Umkehrbarkeit aller Satzungen, vom gleichberechtigten Vorhandensein der Gegenpole. (264)

*

Für mein Gefühl ist jede Wahrheit so durchaus bipolar, daß jeder Pol mir gleichwertig ist – wenn nur Wahrheit gefühlt, wenn nur lebendig gedacht wird, wenn nur Ernst gemacht wird! (265)

*

Alle Erkenntnis, im höchsten Sinn, hat nur einen Gegenstand. Er wird von Tausenden und tausendfach erkannt und meint doch stets nur eine Wahrheit. Es ist die Wahrheit von der Möglichkeit, alle Gegensatzpaare aufzuheben, alles Weiß in Schwarz, alle Nacht in Tag, alles Gute in Übel zu verwandeln. Diese Möglichkeit beruht auf dem einfachen Erkennen der Relativität al-

ler Eigenschaften und Werte, und auf dem Bewußtwerden der »Seele«, welche vielleicht nichts anderes ist als das Spiel der Millionen Beziehungen, dessen Mittelpunkt jede Person ist.
Wo jene höchste, einzige Erkenntnis da ist (wie bei Jesus, wie bei Plato, wie bei Buddha, wie bei Lao Tse, wie bei Goethe oder Dostojewski), da wird eine Schwelle überschritten, hinter der die Wunder beginnen. Der »Feind« wird zum Bruder, der »Tod« zur Geburt, jedes Ding auf Erden zeigt sich doppelt, zeigt sich einmal als »von dieser Welt«, und einmal als »nicht von dieser Welt«. »Diese Welt« bedeutet, was »außer uns« ist. Alles, was außer uns ist, kann Feind, kann Gefahr, kann Angst und Tod werden. Mit der Erfahrung, daß all dies »Äußere« nicht nur Gegenstand unserer Wahrnehmung, sondern zugleich Schöpfung unserer Seele ist, mit der Verwandlung des Äußeren in das Innere, der Welt in das Ich, beginnt das Tagen. (266)

*

Es ging, so schien es, beim »Erwachen« nicht um die Wahrheit und die Erkenntnis, sondern um die Wirklichkeit und deren Erleben und Bestehen. Im Erwachen drang man nicht näher an den Kern der Dinge, an die Wahrheit heran, man erfaßte, vollzog oder erlitt dabei nur die Einstellung des eigenen Ich zur augenblicklichen Lage der Dinge. Man fand nicht Gesetze dabei, sondern Entschlüsse, man geriet nicht in den Mittelpunkt der Welt, aber in den Mittelpunkt der eigenen Person. Darum war auch das, was man dabei erlebte, so wenig mitteilbar, so merkwürdig dem Sagen und Formulieren entrückt; Mitteilungen aus diesem Bereich des Lebens schienen nicht zu den Zwecken der Sprache zu zählen. Wurde man ausnahmsweise dabei einmal ein Stück weit verstanden, dann war der Verstehende ein Mann in ähnlicher Lage, ein Mitleidender oder Miterwachender. (267)

*

Die Harmonie des Universums fühle auch ich zu Zeiten ahnungsweise. Da ich sie in meinem körperlichen und instinktiven Leben nur schlecht bestätigt finde, muß ich sie im Geistigen suchen, und da ist man schließlich, wenn man konsequent sein will, auf den Verstand gewiesen, der einzig von unsern Organen fähig ist, sich, selbst im Widerstreit mit unsrem Triebleben, dauernd mit der Weltordnung einig zu fühlen und ihr recht zu geben. Da nicht nur der Krieg und das Völkerleben, sondern auch das Wertvollste in der Kunst nicht vom Verstande diktiert wird, bleibt eine Lücke bestehen. (268)

*

Was Du »Wille« nennst, ist eine Art von Gesinnung und Moral, gespeist mit Kräften aus unbewußtem Triebleben. Ich finde es nicht unbedingt wünschenswert, daß wir uns das Frohsein oder Trübsein selber wählen und aus der Vernunft begründen können. Für die Vernunft und Logik gibt das Leben weder Anlaß zur Freude noch zur Trauer. Wohl aber können wir den Wert, das Leben und den Sinn unserer »Stimmungen« tüchtig verderben, wenn wir sie allzusehr der Vernunft unterstellen wollen. (269)

*

An jedem Menschen die Merkmale finden, die ihn von den andern unterscheiden, heißt, ihn erkennen. (270)

*

Was würde aus uns und was aus der Philosophie, wenn das Streben nach Wahrheit durch den Besitz der Wahrheit selbst abgelöst würde! (271)

*

Die Zeit vergeht, und die Weisheit bleibt. Sie wechselt ihre Formen und Riten, aber sie beruht zu allen Zeiten auf demselben Fundament: auf der Einordnung des Menschen in die Natur, in den kosmischen Rhythmus. Mögen unruhige Zeiten immer wieder die Emanzipierung des Menschen von diesen Ordnungen anstreben, stets führt diese Scheinbefreiung zur Sklaverei, wie ja auch der heutige, sehr emanzipierte Mensch ein willenloser Sklave des Geldes und der Maschine ist. Wie einer vom farbig bestrahlten Asphalt der Großstadt zum Walde zurückkehrt, oder von der flotten aufpeitschenden Musik der großen Säle zur Musik des Meeres, mit dem Gefühl von Dankbarkeit und Heimkehr, so kehre ich von allen kurzfristigen und spannenden Abenteuern des Lebens und des Geistes immer wieder zu diesen alten, unerschöpflichen Weisheiten zurück. Sie sind bei jeder Rückkehr nicht älter geworden, sie stehen ruhig und warten auf uns, und sie sind immer wieder neu und strahlend, wie es an jedem Tag die Sonne ist, während der Krieg von gestern, der Modetanz von gestern, das Auto von gestern heute schon so alt und verwelkt und komisch geworden sind. (272)

*

Was man besitzt, das sieht man nicht und davon weiß man kaum. (273)

*

Ebenso wie unterm Mikroskop etwas sonst Unsichtbares oder Häßliches, ein Flöckchen Dreck, zum Sternenhimmel werden kann, ebenso würde unter dem Blick einer wahrhaften Psychologie jede kleinste Regung einer Seele, sei sie noch so gering, sei sie noch so dumm oder verrückt oder gefährlich, zum andächtigen Schauspiel werden. Man sähe dann in ihr nichts als ein gleichnishaftes Abbild des Heiligsten, das wir kennen: des Lebens. (274)

*

Was sagenswert, aber doch nie ganz sagbar ist, bleibt ewig Eins. (275)

Lesen
und Bücher

Ein wahrhaft guter Leser ist viel mehr als hunderttausend oberflächliche. Daher sind auch die Unternehmungen, Siege und Gründungen der Diktatoren, Eroberer etc. so wenig haltbar, die alle nur der Quantität gelten und mit Hilfe der Quantität gemacht werden. (276)

*

Von jedem Buch, das wir lesen, wird unser innerer Kompaß abgelenkt; jeder fremde Geist zeigt uns, von wieviel anderen Punkten aus man die Welt betrachten kann. Langsam beruhigt sich dann die Schwankung, die Nadel kehrt zur alten Richtung zurück, die jedem von uns seinem Wesen nach eigen ist. So ging es mir in einer Lesepause. Man kann ja viel lesen, und ein beiseite lebender Bücherfreund verzehrt die Bücher und Meinungen wie der Gesellschaftsmensch die Menschen – man wundert sich oft, wieviel davon man vertragen kann. Aber dann muß man einmal wieder alles wegwerfen und eine Weile durch den Wald laufen, dem Wetter und den Blumen, den Nebeln und Winden nachspüren und in sich den stillen Punkt wiederfinden, von wo aus die Welt zur Einheit wird. (277)

*

Wer sich in der unsterblichen Welt der Bücher etwas heimisch gemacht hat, der wird bald nicht nur zum Inhalt der Bücher, sondern zum Buche selbst in ein neues Verhältnis treten. Daß man Bücher nicht nur lesen, sondern auch kaufen solle, ist eine häufig gepredigte Forderung, und als alter Bücherfreund und Besitzer einer nicht kleinen Bibliothek kann ich aus Erfahrung versichern, daß das Bücherkaufen nicht bloß dazu dient, die Buchhändler und Autoren zu füttern, sondern daß der Besitz von Büchern (nicht bloß ihre Lektüre) seine ganz eigenen Freuden und seine eigene Moral hat. Eine Freude kann es zum Beispiel sein und ein entzükkender Sport, bei sehr knappen Geldverhältnissen, unter Benutzung der billigsten Volksausgaben und beständigem Studium vieler Kataloge, sich klug, zäh und listig allmählich, allen Schwierigkeiten zum Trotz, eben doch eine schöne kleine Bücherei zu schaffen. Umgekehrt gehört es für den gebildeten Reichen zu den ganz ausgesuchten Freuden, von jedem Lieblingsbuch die beste, die schönste Ausgabe aufzutreiben, seltene alte Bücher zu sammeln und seinen Büchern dann eigene, schöne, liebevoll ausgedachte Einbände zu geben. Hier stehen, vom sorgsamen Anlegen des Spargroschens bis zum höchsten Luxus, viele Wege, viele Freuden offen. (278)

*

Warum soll man sich nicht mit Büchern unterhalten? Sie sind oft ebenso klug wie Menschen und oft ebenso spaßhaft, und sie drängen sich weniger auf. (279)

*

Die Beschäftigung mit Mythen, Sagen und Märchen ist für den Geist des heutigen Menschen gleichbedeutend mit der Pflege der Erinnerung an die eigene Kindheit… Nur der ganz Unkultivierte vermag die mythischen Gebilde früher Zeiten, oder die der Naturvölker, mit der billigen Überlegenheit des modernen Menschen als phantastische Hirngespinste abzutun. Ja, man könnte sagen, daß mit dem Absterben des Mythischen alle Poesie an Gehalt verloren hat, daß unsere Dichtung seit Jahrhunderten fast nur noch mit den Resten reicherer Zeiten gespielt hat. (280)

*

Die Dichtung schafft einen magischen Raum, in dem das sonst Unvereinbare vereinbar, das sonst Unmögliche wirklich wird. Und diesem imaginären oder überwirklichen Raum entspricht eine ebensolche Zeit, nämlich die Zeit der Dichtung, des Mythos, des Märchens, die zu aller geschichtlichen und kalendarischen Zeit im Widerspruch steht und die den Sagen und Märchen aller Völker und aller Dichter gemeinsam ist... So selten die echte Magie geworden sein mag, in der Kunst lebt sie noch heute weiter. (281)

*

Jede Dichtung ist vor allem andern ein ästhetischer Wert, und die Ästhetik, das Erkennen des Schönen, ist trotz allen Versuchen und Bemühungen keine Wissenschaft, es läßt sich nicht lernen und in Methoden bringen. Das, was die Schullehrer etwa an einem Gedicht erklären, gilt immer nur den sekundären Inhalten und Werten des Gedichtes: den soziologischen, den nützlichen, den moralischen, erzieherischen oder religiösen Belangen. Das Eigentliche des Gedichts, seine Einmaligkeit und Schönheit kann eine sehr verborgene sein, aber wem sie sich entzieht, der kann noch so fein und klug an den »Inhalten« herumdeuten, er wird das Eigentliche nie erfassen. Natürlich gibt es Ausnahmen! Wenn ein wirklich Kongenialer ein Gedicht deutet, so kann seine Deutung dem Gedicht gleichwertig sein. Doch das kommt nur einmal vor in einer Million von Fällen. – Lernen Sie nur die Methoden der Germanistik, sie sind nicht schlecht, aber vergessen Sie nie, daß das Eigentliche und Wunderbare mit diesen Methoden nicht erfaßbar ist. (282)

*

Ich bin ein Freund der reinen Kategorien und halte es für völlig falsch, in der Dichtung nach Gesinnung oder nach Aufklärung zu suchen auf Gebieten, über die man sich aus anderen, nichtdichterischen Büchern viel besser unterrichten kann. (283)

*

Mir ist Literaturwissenschaft immer als verstaubte Pandektenwirtschaft erschienen, als Schattenwelt, museale Vermottung und wohl auch gelegentliche Leichenfledderei. Eine Art Sektierer schrieben da Meinungen verstorbener Sektierer für kommende Sektierer immer wieder ab und auf. Und wenn sie einander bekämpften, war es wiederum ein Kampf von Sekten abseits dieser Wirklichkeit, die Literatur für mich bedeutet. Ich bin der Meinung, daß man Literatur nicht als fertige, von anderen aufbereitete Speise übernehmen darf, sondern sie sich Stück für Stück selber erobern muß. Die alten

Bücher müssen gelesen werden, und Urteile hat man sich selber zu bilden.
Echte Dichtung wird immer wieder ihre Leser finden, soweit sie menschliche Grundwahrheiten und Zustände zum Inhalt hat – und was tot ist, ist eben tot. – Das heißt, ich kann Literaturwissenschaft, wenn überhaupt, nur als Ideengeschichte und in ihrer soziologischen Komponente anerkennen. Insoweit sie uns also gewisse gesellschaftliche Verhältnisse erklärt, aus denen eine bestimmte Literaturepoche allein zu verstehen ist.

(284)

*

Der »einzelne Leser« ist meistens wortärmer, aber viel gescheiter als jene öffentliche Meinung, die von einer Schicht substanzloser Intellektualität gebildet wird und zum Glück nicht so mächtig ist, wie sie zu sein glaubt.

(285)

*

Es ist weder die Fülle oder Neuigkeit der Gedankeninhalte, welche Dichtungen Dauer verleiht, noch ist es die bloße Wucht der einmaligen Künstlerpersönlichkeit, sondern es ist der Grad von Meisterschaft, von Treue und Verantwortung im Kampf mit den Schwierigkeiten der künstlerischen Arbeit, im Kampf auch mit den Verführungen des Erfolges und der Anpassung an Zeitmoden. Wo diese Meisterschaft erreicht ist, genügt sie ganz allein, um unabhängig von ihrem gedanklichen Inhalt Dichtungen so langlebig zu machen, daß sie auch nach Zeiten langer Vernachlässigung immer wieder »aktuell« werden und immer neue Generationen beglükken können. (286)

*

Alles, was untergegangen scheint, kann einmal wiederkommen. Wir lesen und lieben heute manche ältere Dichter, von welchen unsere Väter kaum noch die Namen kannten und über die sie die Achseln zuckten, und wir haben Dichter vergessen und zucken über sie die Achseln, die noch vor einer Generation in den Klassikerkatalogen obenan gestanden haben. Der Schatz einer Nation an Kunst und Dichtung ist wie der Schatz eines einzelnen an Erinnerungen und Erfahrungen: kcine geht je völlig unter, jede kann zu jeder Zeit wieder neu und aktuell werden, obwohl das, was sich momentan im Bewußtsein spiegelt, immer nur ein millionster Teil des ganzen Besitzes ist. (287)

*

Das ist der Unterschied zwischen Kunst und Feuerwerk, daß uns von den Gebilden wahrer Kunst ein Niederschlag bleibt, der sich mit Erlebtem, Eigensten, mit tiefsten Kindheitserinnerungen und persönlichsten Lieblingsträumen zu mischen und neue Farben in unser Seelenleben zu bringen vermag, auch noch lange, nachdem wir die Dichtung gelesen und vielleicht die Namen der Bücher und den des Dichters wieder vergessen haben. (288)

*

Nicht weniger wichtig als die Welt- und Zeitdeutungen heutiger Denker sind für die Gegenwart die Neuausgaben, Bearbeitungen und Auswahlen der bewährten älteren Literatur. Die Art, wie eine Generation das geistige Erbe verwaltet, ist eins der wichtigsten Symptome der Kultur. (289)

*

Den Grundsatz, daß die Dichtung dazu da sei, dem Volk einfache, gesunde, erheiternde, über Konflikte weghelfende Kost zu bieten – diesen Grundsatz wird ohne Zweifel Herr Göbbels oder General Franco wörtlich mit Ihnen teilen. Welche Art von Kunst man machen soll, darüber kann man verschieden denken, aber die ganze Frage geht leider nur die Fabrikanten von Kunst etwas an, nicht die eigentlichen Künstler, denn diese sind keineswegs vor die Wahl gestellt, was sie machen sollen. (290)

*

Der Durchschnittsleser denkt sich den Autor in einer Art edler Zurückgezogenheit und halben Müßiggangs damit beschäftigt, seine Bücher zu schreiben, in denen er sein von der Außenwelt durch Antiphone geschütztes Innenleben verarbeitet, und ahnt wenig von der soziologischen und moralischen, anstrengenden und wenig gesicherten Situation des modernen Autors der »Gesellschaft« gegenüber, welche schon kaum mehr existiert, seit unsere Menschheit entweder zur uniformierten Masse ohne Gesicht geworden oder aber in

Millionen einzelner, durch nichts als durch Angst und Sehnsucht untereinander verbundener Individuen zerfallen ist. (291)

*

Wer sich einem Autor, einem Lehrer, einer Lehre blind und gern hingibt und unterwirft, wer den Helden einer Dichtung nachahmt, statt sich von ihm auf dem eigenen Weg bestärken zu lassen, der wäre auch ohne Buch und Autor kein Eigener und Eigensinniger geworden. Und wenn die Leute schon die Sehnsucht nach Gleichschaltung haben, dann ist es ja doch noch besser, wenn sie Lehren der Gewaltlosigkeit annehmen, als das Gegenteil. (292)

*

Wer keinen Sinn für Verse hat, wird gewiß auch beim Lesen guter Prosa die feinsten Werte und Reize sprachlicher Schönheit übersehen. (293)

*

Ein Gedicht zu lesen ist von allen literarischen Genüssen der höchste und reinste. Nur der reinen Lyrik ist gelegentlich jene Vollkommenheit möglich, nur sie erreicht jene ganz von Leben und Gefühl durchdrungene ideale Form, welche sonst Geheimnis der Musik ist. (294)

*

Die deutsche Sprache mit ihren großen Schöpfungen vom Nibelungenlied über Luther und Goethe bis heute, diese reiche, elastische und kraftvolle Sprache mit ihren vielen Spielen, Launen und Unregelmäßigkeiten, mit ihrer hohen Musikalität, ihrer Beseeltheit, ihrem Humor ist der größte Schatz, der treueste Kamerad und Trost meines Lebens gewesen, und wenn Dichtungen und Dichter dieser Sprache gerühmt und gefeiert werden, dann gebührt ihr der Hauptanteil daran. Wir Dichter gehören zwar mit zu den Arbeitern am Bau und an der Differenzierung der Sprache, aber was auch die größten Dichter ihr geben und hinzufügen können, ist unendlich wenig, ist nichts im Vergleich zu dem, was die Sprache uns gibt und bedeutet. (295)

*

Alles Geschriebene erlischt in kurzer oder langer Zeit. Alle Schriften und aller Schriften Erlöschen liest der Weltgeist und lacht. Für uns ist es gut, einige von ihnen gelesen zu haben und ihren Sinn zu ahnen. Der Sinn, der sich aller Schrift entzieht und ihr heimlich dennoch innewohnt, ist immer derselbe. (296)

Wirklichkeit und Imagination

Jeder von uns lebt so lange leidlich zufrieden und beruhigt in seiner Scheinwelt und auf seiner Landkarte weiter, als er nicht durch irgendeinen Dammbruch oder irgendeine schreckliche Erleuchtung plötzlich die Wirklichkeit, das Ungeheure, schrecklich Schöne, schrecklich Grausige, auf sich einstürzen und sich von ihm ausweglos umarmt und tödlich gepackt fühlt. Dieser Zustand, diese Erleuchtung oder Erweckung, dieses Leben in der nackten Wirklichkeit dauert niemals lang, es trägt den Tod in sich, es dauert jedesmal, wenn ein Mensch von ihm ergriffen und in den furchtbaren Wirbel gestürzt wird, genauso lange, als ein Mensch es eben ertragen kann, und dann endet es entweder mit dem Tode oder mit der atemlosen Flucht ins Nichtwirkliche, ins Erträgliche, Geordnete, Übersehbare zurück. In dieser erträglichen, lauen, geordneten Zone der Begriffe, der Systeme, der Dogmatiken, der Allegorien leben wir neun Zehntel unsres Lebens. So lebt der kleine Mann zufrieden, ruhig und geordnet, wenn auch vielleicht viel schimpfend, in seinem Häuschen oder seiner Etage, über sich ein Dach, unter sich einen Boden, unter sich ferner ein Wissen von der Vergangenheit, von seiner Herkunft, seinen Ahnen, die beinahe alle so waren und lebten wie er selber, und über sich außerdem noch eine Ordnung, einen Staat, ein Gesetz, ein Recht, eine Wehrmacht – bis das alles plötzlich in einem Augenblick verschwunden und zerrissen ist, Dach und Fußboden zu Donner und Feuer geworden sind, Ordnung und Recht zu Untergang und Chaos, Ruhe und Behagen zu würgender Todesdrohung, bis die ganze so althergebrachte, so ehrwürdige und zuverlässige Scheinwelt in Flammen und Scherben zerborsten und nichts mehr da ist als das Ungeheure, die Wirklichkeit. Man kann es Gott nennen, das Ungeheure und Unverstehbare, das Schreckliche und durch seine Wirklichkeit so dringlich Überzeugende, aber es ist mit dem Namen auch nichts an Verständnis, an Erklärbarkeit und Ertragbarkeit gewonnen. Die Erkenntnis der Wirklichkeit, die immer nur eine momentane ist, kann durch den Bombenhagel eines Krieges bewirkt werden, durch jene Waffen also, die nach den Worten manches Ministers gerade durch ihre Furchtbarkeit uns einmal nötigen werden, sie in Pflugscharen zu verwandeln; für den einzelnen genügt oft eine Krankheit, ein in seiner nächsten Nähe geschehenes Unglück, zuweilen aber auch schon eine momentane Lagerung seiner Lebensstimmung, ein Erwachen aus schwerem Alptraum, eine schlaflose Nacht, um ihn dem Unerbittlichen gegenüberzustellen und ihm für eine Weile alle Ordnung, alles Behagen, alle Sicherheit, allen Glauben, alles Wissen fragwürdig zu machen. (297)

*

In den Momenten, in denen wir nackt der Wahrheit gegenüberstehen, fehlt uns stets die Sicherheit eines guten Gewissens und das Behagen des unbedingten Glaubens an uns selber. Im Augenblick des Wachseins könnte möglicherweise ein Mensch sich töten, niemals aber einen andern. Im Augenblick des Wachseins ist der Mensch stets sehr gefährdet, denn er steht nun offen und muß die Wahrheit in sich einlassen, und die Wahrheit lieben zu lernen und als Lebenselement zu empfinden, dazu gehört viel, denn zunächst einmal ist der

Mensch Kreatur und steht der Wahrheit durchaus als Feind gegenüber. Und in der Tat ist ja die Wahrheit niemals so, wie man sie sich wünschen und wählen würde, aber immer ist sie unerbittlich. (298)

*

Daß die Natur grausam sei, ist doch wohl eine typisch anthropozentrische Auffassung... Sie existiert, sie ist da und ist tätig, und wir gehören dazu und sind immer dann ganz sicher auf dem Holzwege, wenn wir uns über »die Natur« Gedanken machen und sie als etwas Fremdes und Feindliches empfinden. (299)

*

Die Scheidung von Außen und Innen ist unserm Denken gewohnt, ist ihm aber nicht notwendig. Es gibt die Möglichkeit für unseren Geist, sich hinter die Grenze zurückzuziehen, die wir ihm gezogen haben, ins Jenseits. Jenseits der Gegensatzpaare, aus denen unsere Welt besteht, fangen neue, andere Erkenntnisse an.

(300)

*

Ich möchte einen Ausdruck finden für die Zweiheit, ich möchte Kapitel und Sätze schreiben, wo beständig Melodie und Gegenmelodie gleichzeitig sichtbar wären, wo jeder Buntheit die Einheit, jedem Scherz der Ernst beständig zur Seite steht. Denn einzig darin besteht für mich das Leben, im Fluktuieren zwischen zwei Polen, im Hin und Her zwischen den beiden Grundpfeilern der

Welt. Beständig möchte ich mit Entzücken auf die selige Buntheit der Welt hinweisen und ebenso beständig daran erinnern, daß dieser Buntheit eine Einheit zugrunde liegt. (301)

*

Das ist Magie: Außen und Innen vertauschen, nicht aus Zwang, nicht leidend, sondern frei, wollend. Rufe Vergangenheit, rufe Zukunft herbei: beide sind in dir! Du bist bis heute der Sklave deines Innern gewesen. Lerne sein Herr sein. Das ist Magie. (302)

*

Es ist eine alte Erfahrung, daß wir die Probleme, die uns im Innern jeweils beschäftigen, immer wie durch einen Zauber auch in der Außenwelt antreffen. Wer in seiner Seele den Plan erwägt, sich ein Haus zu bauen oder die Notwendigkeit, seine Ehe zu scheiden oder sich operieren zu lassen, der trifft bekanntlich das gleiche Problem und Menschen, die vom selben Problem besessen sind, stets auch auffallend häufig in seiner Umgebung an. Ich habe die gleiche Erfahrung auch mit meiner Lektüre gemacht, nämlich, daß mir in Zeiten, in denen irgendein Lebensproblem mich tief in Anspruch nimmt, mir auch von allen Seiten her Bücher ungesucht in die Hände fallen, in denen jenes Problem eine Rolle spielt. (303)

*

Es braucht zu viel Metaphysik, um das Unmögliche als

einfach und selbstverständlich zu deuten. Nicht meine Sache. (304)

*

Alles Feindliche verschwindet plötzlich und ist besiegt, sobald es gelingt, die Zeit aus seinen Gedanken auszuschalten. (305)

*

Unsere Seele hat einen Zauber in sich, dem wir vertrauen dürfen, sie sucht das Ganze und ist bestrebt, jede Lücke, jeden Mangel auszugleichen. Sie ist bestrebt, jede Unfähigkeit durch eine erhöhte Leistung auf einem anderen Gebiet wettzumachen, und die zartesten, innigsten, holdesten Töne spielt sie im empfindlichsten, schwächsten, glücklosesten Menschen, um das Leben zu preisen, um ja zu sagen, um Gott zu loben. (306)

*

Sinn und Wesen ist nicht irgendwo hinter den Dingen, sie sind in ihnen, in allem. (307)

*

Die Poesie des Reisens liegt im organischen Angliedern von Neuerworbenem, im Zunehmen unseres Verständnisses für die Einheit im Vielfältigen, im Wiederfinden von alten Wahrheiten und Gesetzen unter ganz neuen Verhältnissen. (308)

*

Kinder sind weitherzig und vermögen durch den Zauber der Phantasie Dinge in ihrer Seele nebeneinander zu beherbergen, deren Widerstreit in älteren Köpfen zum heftigsten Krieg und Entweder–Oder wird.

(309)

*

Je und je muß auch ein Exemplar von meiner Sorte da sein, sonst stürbe die Revolution und der Kampf der Phantasie gegen die verfluchte »Wirklichkeit« aus.

(310)

*

Die Klugen und Geschäftigen nennen die Spiele der Phantasie immer gleich »Flucht« und geben damit zu, daß die Wirklichkeit, aus der der dichterische Künstler »flieht«, in der Tat kein wünschenswerter Aufenthalt ist.

(311)

*

Das Reich der Freiheit ist auch das Reich der Täuschungen. (312)

*

Tragödien sind nie zu verhindern, denn sie sind nicht Unglücksfälle, sondern Zusammenstöße gegensätzlicher Welten. (313)

*

So liest man dieses oder jenes und kämpft sich eine Weile durch die Welt der ewigen Probleme, deren jedes nie zu lösen, nur zu erleben ist, und am Ende wirft uns das Leben immer wieder an eine Stelle, wo wir das scheinbar Unmögliche neu probieren, das scheinbar Hoffnungslose mit neuer Begierde, mit neuem Eifer betreiben können. Und bei dem alten, scheinbar wirklich so hoffnungslosen Spiel gibt es für den Denkenden immer den einen Trost: daß alles Zeitliche überwindbar ist, daß die Zeit eine Illusion ist, daß alle Zustände, alle Ideale, alle Epochen des Lebens nicht nach dem Schulschema hintereinander verlaufen und kausal aneinander gebunden sind, sondern außerdem auch eine ewige, außerzeitliche Existenz haben, daß also das Reich Gottes, oder jedes andere scheinbar in riesigen Zeitfernen projizierte Menschenideal in jedem Augenblick Erlebnis und Wirklichkeit werden kann. (314)

*

Trotz aller belesenen Gescheitheit wissen und fühlen es im Ernst nur wenige, daß Mensch und Menschheit nichts Gegenwärtiges, Fertiges und Abgeschlossenes sind, sondern Ideale, Projektionen, Götterbilder, Forderungen. (315)

Kunst
und Künstler

Die Kunst gehört zu den Funktionen der Menschheit, die dafür sorgen, daß Menschlichkeit und Wahrheit fortbestehen, daß nicht die ganze Welt und das ganze Menschenleben in Haß und Partei, in lauter Hitlers und Stalins zerfällt. Der Künstler liebt die Menschen, er leidet mit ihnen, er kennt sie oft sehr viel tiefer als je ein Politiker oder Wirtschaftler sie gekannt hat, aber er steht nicht als ein Herrgott oder Redakteur über ihnen, der genau weiß, wie alles sein sollte. (316)

*

Schon das kleinste Kunstwerk, eine Bleistiftskizze von sechs Strichen und ein Gedichtvers von vier Zeilen, versucht frech und blind das Unmögliche, geht aufs Ganze, will das Chaos in die Nußschale schöpfen! (317)

*

Wo Ratio und Magie eins werden, liegt vielleicht das Geheimnis aller höheren Kunst. (318)

*

Bleibend ist nur das Sinnbild, nie das Abbild. (319)

*

In der Kunst gilt das Zeitlose, nicht das Zeitgemäße. (320)

*

Eine Romanfigur, die nach dreißig Jahren altmodisch erscheint, ist nur eine Interessantheit, nicht ein Sinnbild gewesen. Figuren, deren Wesentliches zeitlich ist, vergehen. Sinnbilder, deren Zeitliches nur ein Kleid des Ewigen ist, bleiben. Der Graf von Monte Christo ist gestorben, aber Odysseus lebt. Es lebt auch noch Don Quichote, Wilhelm Meister, Hamlet, es leben auch heute noch Quintus Fixlein, Siebenkäs und der grüne Heinrich, der kleine, harmlose Taugenichts von Eichendorff nicht minder als Schillers großer Wallenstein. Denn sie alle sind nicht in erster Linie Repräsentanten ihrer Zeit, sondern schlechthin Menschen. Das, was ihr Schicksal ausmacht, ist zu allen Zeiten vorhanden und wieder möglich. (321)

*

Es gibt in der ganzen Geschichte der Menschheit nichts Interessanteres, ja, überhaupt nichts anderes, was wichtig wäre, als der Vorgang der Sublimierung. Daß der Mensch unter Umständen dazu fähig ist, seine Triebe in den Dienst überegoistischer, geistiger, religiöser, kultureller Ziele zu stellen, daß es Hingabe an den Geist, daß es Heilige und Märtyrer gibt, das ist für uns das einzig Tröstliche und Positive in der Weltgeschichte und ist das einzige, was von der Geschichte übrig bleibt. Daß Sublimierung nicht ein leeres Wort ohne Sinn, sondern vielmehr als Möglichkeit, als Ideal, als Forderung vorhanden, wirksam und unsrer größten Ehrfurcht würdig ist, davon erzählt seit Urzeiten jeder Mythos, jede Sage, jede Legende und jede Geschichte. (322)

*

Zu den Widersprüchen dieses Lebens, dessen tragischer Aspekt so oft und leicht vom komischen überspielt wird, gehört es auch, daß wir Künstler mit der einen Hälfte unserer Seele in nichts so verliebt und von nichts so entzückt sind wie vom Augenblick, vom Kurzlebigen, vom blitzschnell wechselnden Spiel der Gebärden des Lebens und in der andern Seelenhälfte diese tiefe Sehnsucht nach Dauer, nach Statik, nach Ewigkeit tragen und hegen müssen, diese Sehnsucht, die uns immer wieder dazu treibt, das Unmögliche anzustreben: die Vergeistigung und Verewigung des Vergänglichen, das Kristallisieren des Flüssigen und Wandelbaren, das Festhalten des Augenblicks. (323)

*

Wir glauben an keines von den Idealen dieser Zeit, nicht an das der Diktatoren noch an das der Bolschewiken, nicht an das der Professoren noch an das der Fabrikanten. Aber wir glauben, daß der Mensch unsterblich ist und daß sein Bild aus jeder Entstellung wieder genesen, aus jeder Hölle geläutert wieder hervorgehen kann. Wir glauben an die Seele, deren Rechte und Bedürfnisse, wenn auch noch so lange und noch so hart unterdrückt, niemals sterben können. Wir suchen unsere Zeit nicht zu erklären, nicht zu bessern, nicht zu belehren, sondern wir suchen ihr, indem wir unser eignes Leid und unsere eigenen Träume enthüllen, die Welt der Bilder, die Welt der Seele, die Welt des Erlebens immer wieder zu öffnen. Diese Träume sind zum Teil arge Angstträume, diese Bilder sind zum Teil grausige Schreckbilder – wir dürfen sie nicht verschönern, wir dürfen nichts weglügen. (324)

*

Was wir Gutes zu zeigen haben an Kunst und Dichtung, das ist nicht aus feiler Anpassungsfähigkeit und glücklichem Zeitinstinkt entstanden, sondern aus Charakter und Not, das meiste davon im Trotz und Krieg wider den Tag und seine nivellierenden Forderungen. (325)

*

Alle Kultur ist aus der Introversion entstanden. (326)

*

In der Kunst spielt ja die Zeit, umgekehrt wie in der Industrie, gar keine Rolle, es gibt da keine verlorene Zeit, wenn nur am Ende das Möglichste an Intensität und Vervollkommnung erreicht wird. (327)

*

Wertvolle Neubildungen im Kulturleben haben stets eine Anwendung vom Gestrigen und ein Wiederaufnehmen älterer, vergessener Werte zur Grundlage. (328)

*

Überall wo das Leben für einen Augenblick vollkommen gestaltet erscheint, hat es gegensätzlichen Aspekt.

Es gibt keine edle Musik, die nicht zu manchen Stunden wie Kinderlächeln und zu andern Stunden wie tiefste Todestrauer auf uns wirkte. So ist die Schönheit immer und überall: entzückter Augenblick, im Aufstrahlen schon wieder erbleichend, hingeweht vom Hauch des Sterbenmüssens. (329)

*

Letzten Endes muß alle Kunst, und namentlich die Dichtung, ihre Daseinsberechtigung daran erweisen, daß sie nicht nur Vergnügen macht, sondern auch direkt ins Leben wirkt, als Trost, als Klärung, als Mahnung, als Hilfe und Stärkung beim Bestehen des Lebens und beim Überwinden des Schweren. (330)

*

Was die Kunst betrifft, so weiß ich, daß jedes echte Gedicht oder Bild, jeder Takt echter Musik ganz genau gleich aus Leben und Leiden geboren und mit Blut bezahlt wird, wie zu irgendeiner früheren Zeit. Es hat sich nichts auf der Welt geändert außer dem, was eben stets obenauf und leicht veränderlich war: die öffentliche Meinung und Moral. Und dagegen kann sich der ernstlich Arbeitende zum Glück vollkommen schützen: es kostet ein wenig Verzicht und Askese, lohnt sich aber sehr. (331)

*

Überall sind die Menschen dieselben, und die Zahl typischer Stoffe, Verwicklungen und Konstellationen ist begrenzt. (332)

*

Unser gehetztes Arbeitsleben nicht völlig seelenlos werden zu lassen, seinem Riesenmechanismus die Maße und Werte des Menschlichen und Organischen entgegenzuhalten, ist ja heute wohl die wichtigste Funktion jeder Kunst. (333)

*

Es spiegelt sich in der Kunst niemals Zufall und der Wille einzelner, sondern stets Notwendigkeit. Die Wendung vom Verfeinerten zum Grellen, die Wendung von Thomas Mann zu Heinrich Mann, von Renoir zum Expressionismus ist eine Wendung zu neuen Gebieten unserer Seele, ist ein Aufschließen neuer Quellen und Abgründe unseres Unbewußten. Dabei kommt immer und unvermeidlich ein Stück fernster Jugend, ein Stück Atavismus mit herauf, und es geht viel schöne, wertvolle, edle Tradition zugrunde. Aber es hilft nichts, das halten zu wollen, was zugrunde geht, und es hilft noch weniger, das durch Hohn und Ignoranz abtun zu wollen, was neu heraufkommt. So ließ sich der Krieg, so ließ sich die Revolution auch nicht abtun, der Philister mochte die Läden und Augen schließen und sich Watte in die Ohren stecken, seine alte Welt sank doch in Trümmer. (334)

*

Jeder solche eigenartige, feine, zarte, temperamentvolle unruhige Mensch, wie Künstler es sind, stellt einen Versuch der Menschheit zu neuen Möglichkeiten dar, und je mehr der Künstler dies ahnt und in seinen Werken ausspricht, destor stärker wird seine Wirkung sein, wenn auch vielleicht nicht im Augenblick. (335)

*

Die wirklich von der Magie des Mythischen erfüllten Dichtungen erinnern nicht an Gelesenes, sondern an Geträumtes. Hier ist die Schwelle, wo das Heute sich mit dem vor Jahrhunderten Gewesenen berührt. In unseren Träumen finden wir jene von der Logik entbundene Welt der Assoziationen und der Symbole wieder, aus welcher einst Sagen und Märchen aller Völker entstanden sind. (336)

*

Die Künste dienen nicht der Idee, sondern dem Leben, sie sind Funktionen wie Schlaf und Traum, sie sind nicht die ethischen Führer der Menschen (in diese Funktion teilen sich die Religionen mit den Gewissenserweckern), sondern dienen ganz anderen, biologischen Bedürfnissen. (337)

*

Unsre Zeit spricht und schreit mehr über Kunst, als je eine frühere es getan hat, aber sie hat zur Kunst keineswegs ein näheres oder gar reineres Verhältnis als frühere Generationen. Im Gegenteil. Und ein Beweis dafür ist unter anderen der ganz lächerliche Mangel an Sinn für die Mannigfaltigkeit der Kunst. Man freut sich nicht am einzelnen, man konstatiert nicht mit Dankbarkeit Gegensätze und Ergänzungen im Kunstleben der Zeit, sondern schafft Moden und Schablonen und verachtet aus Bequemlichkeit und Herzensenge alles, was nicht mit der momentan gültigen Schablone übereinstimmen will. (338)

*

Soweit Kultur nur Lebensform der Massen und soweit sie nur Mode ist, mag man ihr Prognosen stellen, soweit sie aber Schöpfung und Geist ist, vollzieht sie sich innerhalb einer ganz kleinen Minderheit und wird sich erst, wenn Spätere auf sie zurückblicken, scheinbar in ein Kausalsystem einreihen lassen. (339)

*

Unsere Zeit reagiert auf den Intellekt und den Willen in der Kunst rascher und sicherer als auf das eigentlich Schöpferische, das nichts anderes ist als jenes innere Einssein mit der Natur. Wer das hat, wer bei den Müttern wohnt, wer bei den Quellen zu Hause ist, der mag lange verkannt bleiben – es kann ihn betrüben oder ärgern, schädigen kann es ihn nicht. (340)

*

Ohne die Beteiligung des Verstandes, der Kritik, der Selbstkritik würde jede Kunst sehr schnell verkommen, wie denn auch jeder Dilettant denkt: »Was kommt es viel auf die Worte, die Versmaße und all dies an, wenn nur das Herz auf dem rechten Fleck sitzt.« Aber eben das genügt nicht. (341)

*

Das »Können« flößt keine Liebe ein. Aber die Stärke des Gefühls, des inneren Traumes, die im Ausdruck beinahe linkisch wird, die gibt uns Vertrauen und Liebe. Denn die Virtuosen mit ihren Erfolgen und Auflagen vergehen schnell, aber der »Nachsommer« mit seinen rührenden paar Auflagen hat einen Kreis fester, inniger Dankbarkeit um sich. (342)

*

Die »Neurosen« können ja Krankheiten sein und sind es meistens, die heutige Dichterneurose aber kann ja am Ende auch eine Gesundheit sein, nämlich das einzig mögliche Reagieren beseelter Naturen auf eine Zeit, die nur Geld und Zahl und keine Seele kennt. (343)

*

Wir Künstler und Intellektuelle sind heute ja alle Neurastheniker – vielmehr wir haben eigentlich keineswegs »schwache Nerven«, sondern normale, denn eigentlich sind Nerven ja da, um Empfindungen zu leiten, und wir Künstler halten uns mit unseren zart schwingenden Nerven nicht für krank, sondern halten den heutigen Geschäftsmann, Techniker oder Sporthengst für entartet, dem es innerhalb einer heutigen Stadt mit ihrem Lärm, ihrer Öde und ihrem ganzen negerhaften Jahrmarktbetrieb noch wohl sein kann. (344)

*

Ich glaube, daß unsereiner dieser Welt gegenüber es nicht auf dem Wege der franziskanischen Demut versuchen soll, indem wir den Geist und den Geschmack denen aufdrängen, die ihn gar nicht begehren, sondern wir müssen eher das Gegenteil tun und uns etwas rar machen, damit der Bürger vor Geist und Geschmack wieder Respekt bekommt. (345)

*

Fatale Welt, in der unsre harmlosen Werke nicht existieren dürfen und die Atomteufelei Millionen kosten darf. Aber falls die Welt sich je nochmals erholen sollte, werden unsre Spiele die der Atomprofessoren doch überleben. (346)

*

Wenn schon unser Volk die unausrottbare Neigung hat, statt der wirklichen Dichter lieber Schund zu lesen und seine starken Geister zu verachten und hungern zu lassen, so finde ich es dann doch wieder rührend, daß dasselbe Volk dann, wenn der verhungerte Autor hundert Jahre tot ist, für seine Wiederausgrabung keine Mühe und Kosten scheut, nur weil der Beschäftigte und Honorierte diesmal kein lästiger Dichter, sondern ein Gelehrter, Beamter und Geheimrat ist. (347)

*

Wenn wir Künstler oder Denker etwas sagen, so setzen wir stillschweigend voraus, daß unsre Hörer unsresgleichen seien, daß sie das seien, was ich Menschen nenne, während die Welt das schon »Genies« nennt. Es geht nicht gut an, offen auszusprechen, daß die große Mehrzahl der Menschen keine sind, auch die große Mehrzahl der Künstler keine Künstler. Darum sagte ich das vom »Können« in der Kunst – denn das andre, nämlich daß hinter der Kunst ein wirklicher Mensch stehe, setze ich eben voraus. (348)

*

Ein Prophet ist ein solcher Kranker, dem der gesunde, gute, wohltätige Sinn für die Selbsterhaltung, der Inbegriff aller bürgerlichen Tugenden, verlorengegangen ist. (349)

*

Das Genie kommt zur Welt inmitten eines Lebens, dem es Leuchte und Sehnsuchtsziel wird, während es zugleich an ihm ersticken muß. (350)

*

Oft sehen wir große, begnadete Menschen an Widerständen zugrunde gehen, mit welchen der Kleine spielend fertig wird, und der gesunde Durchschnittsverstand hat es leicht, die Begnadeten als Psychopathen zu erklären. Sie sind ja unter andrem auch dies. Aber weit darüber hinaus sind sie Helden, sind ehrwürdige und gefährliche Versuche des Menschentums, sich zu veredeln, und ihr Schicksal steht in der heldischen, in der tragischen Atmosphäre, auch wenn ein solcher Held zufällig nicht auf erschreckende Weise endet. (351)

*

Der »Held« ist nicht der gehorsame, brave Bürger und Pflichterfüller. Heldisch kann nur der einzelne sein, der seinen »eigenen Sinn«, seinen edlen, natürlichen Eigensinn zu seinem Schicksal gemacht hat. »Schicksal und Gemüt sind Namen eines Begriffs«, hat Novalis gesagt. Aber nur der Held ist es, der den Mut zu seinem eigenen Schicksal findet. (352)

*

Wir neigen vielleicht allzusehr dazu, aus den Lebensläufen begabter Männer der Vorzeit, der sogenannten Genies, ein Schema zu machen und uns damit zu beruhigen, daß schließlich noch jedesmal der wirklich Starke und Begabte seinen Weg gefunden und den ihm gebührenden Platz erreicht habe. Diese allzu bürgerliche Annahme ist nichts als ein feiges Wegblicken von der Wirklichkeit; es sind nicht nur viele jener berühmten Genies trotz hoher Leistungen nie das geworden, wozu der Wurf und die Berufung in ihnen lag, sondern es sind auch zu allen Zeiten unzählige der Höherbegabten einfach durch äußere Umstände nicht, oder zu spät, auf den ihrer würdigen Weg gekommen. Daß auch ein unseliges und mißglücktes Leben von manchem nicht bloß ertragen, sondern am Ende mit dem amor fati umfangen und geadelt werden kann, hat damit nichts zu tun. (353)

*

Für das genial Radikale ist der Künstler stets leichter zu gewinnen als der Professor. (354)

*

Mystik und Kunst sind Antipoden, sind direkte Gegensätze und Feinde. (355)

*

Der Künstler bezahlt etwaige Mängel des sozialen Verhaltens durch sein Werk. Was er dem Werk zum Opfer bringt, und das ist meistens unendlich viel mehr, als was der brave Durchschnittsbürger zu opfern fähig wäre, das kommt allen zugut. (356)

*

Was der Künstler [dem Geistesgestörten] voraus hat, ist nur: daß seine Verrücktheit nicht eingesperrt wird, sondern ihrer Produkte wegen etwas gilt. (357)

*

Der Künstler neigt stets dazu, in seinem Bekenntnis aufzugehen, seine ganze Aufgabe und Leistung in seine Beichte zu verlegen und damit immer im Zauberkreise der eigenen persönlichen Angelegenheiten rundum zu irren. Denn der Künstler ist ohnehin ein Mensch, der die Bedeutung seines Werkes übertreiben muß, weil er seine ganze Lebensleistung, damit seine ganze Selbstrechtfertigung aus dem Leben weg in sein Werk verlegt hat. (358)

*

Der Künstler hat nicht die Aufgabe, irgendeine allgemein anerkannte Weltanschauung zum Ausdruck zu bringen, sondern seine eigene, einmalige Art von Leben und Erfahrung so kraftvoll und entschieden wie möglich auszudrücken. Man kann optimistisch oder pessimistisch denken – erst wenn dies Denken seinen scharfen, voll gespannten Ausdruck findet, wird es für andere von Belang. Und da sehen wir, daß oft sehr pessimistisch empfundene Dichtungen oder andere Kunstwerke uns beglücken und lieb werden können. (359)

*

Jeder von uns Künstlern, auch wenn er viel an sich zweifeln muß und sein Talent und Können als scheußlich klein empfindet, hat einen Sinn und eine Aufgabe und leistet, wenn er sich treu bleibt, an seinem Ort etwas, was nur er zu geben hat... Wenn Du mit mir im Tessin malst und wir beide das gleiche Motiv malen, so malt jeder von uns nicht so sehr das Stückchen Landschaft als vielmehr seine eigene Liebe zur Natur, und von dem gleichen Motiv macht jeder etwas anderes, etwas Einmaliges. Und sogar wenn wir zu Zeiten nichts anderes empfinden und sagen können als unsre Trauer und das Gefühl unsres Ungenügens, so hat doch auch das seinen Wert. Noch das traurigste Verzweiflungsgedicht, etwa von Lenau, hat außer der Verzweiflung auch noch einen süßen Kern. Und wie viele Maler, die für Stümper oder Barbaren in der Kunst galten, erwiesen sich nachher als edle Kämpfer, deren Werke den Nachfolgern oft tröstlicher sind und inniger geliebt werden als die größten Werke der klassischen Könner. (360)

*

Dem Künstler bleibt wenigstens dies, daß er im Versenken in die Magie des Schönen immer wieder einen Zugang zum Inneren der Welt und ihrem Sinn hat.

(361)

*

Für den Rang des Künstlers ist nichts andres maßgebend als der Grad von Dichtigkeit und Kraft, den seine Bilder, seine Visionen erreichen. (362)

*

Wir Künstler haben es darin gut, daß wir durch unsre Natur und die ganze Art unsrer Funktion auf unsre Werkstatt und unsre Mittel angewiesen sind. Es hat für einen Künstler nicht den mindesten Sinn, um irgend etwas andres zu »kämpfen« als um die Perfektion in seinem Handwerk, wobei ich nicht an Routine, sondern an Gewissenserziehung und Hellhörigkeit denke. Natürlich kann ein Künstler zufällig auch noch Weltverbesserer und Kämpfer oder Prediger sein, aber der Erfolg seiner Bestrebungen wird nicht von der Glut seines Wollens und der Richtigkeit seiner Überzeugungen abhängen, sondern immer und einzig von der Qualität seiner Leistung als Künstler. (363)

*

Was der Künstler sich wünscht, ist ja nicht Lob, sondern Verständnis für das, was er angestrebt hat, einerlei, wieweit sein Versuch gelungen sei. (364)

*

Ich bin es, wie jeder Künstler, gewohnt, Verständnis und Einfühlung bei Lesern zu finden, deren Wesen und Leben dem meinen ähnlich ist. Aus dieser Zustimmung macht man sich nicht viel. Weit mehr schätzt man es, wenn ein Angehöriger eines andern Typus, eines anderen Temperaments uns versteht und billigt. (365)

*

Ob die Welt uns darben und vereinsamen läßt oder ob sie uns mit ihren materiellen Geschenken, ihren Preisen und Goldmedaillen zudeckt und erstickt – es läuft aufs gleiche hinaus, auf ein großes Mißverständnis, und da die Welt das Bleibende und Fortdauernde ist, wir einzelne aber nur Vorübergehende, müssen wir auf Kampf und Auseinandersetzung verzichten und die Gaben der Welt annehmen, als hätten wir sie gewollt, als seien sie uns etwas wert. (366)

*

Die Welt bezahlt uns ja zwar für unsre Gespinste, manchmal sogar über Gebühr, aber sie bezahlt uns ja nicht mit Leben, mit Seele, mit Glück, mit Substanz, sondern eben mit dem, was sie zu geben hat, mit Geld, mit Ehren, mit Aufnahme in die Liste der Prominenten. Ja, es sind die unwahrscheinlichsten Antworten der Welt auf die Arbeit des Künstlers möglich. Etwa diese: Ein Künstler arbeitet für ein Volk, das sein natürliches Wirkungsfeld und sein natürlicher Markt ist, das Volk aber läßt das ihm anvertraute Werk verkommen, es versagt dem Künstler Anerkennung sowohl wie Brot. Plötzlich nun erinnert ein ganz anderes, fremdes Volk sich dessen und gibt dem Enttäuschten das, was er mehr oder weniger verdient hat: Anerkennung und Brot. Im selben Augenblick jubelt das Volk, dem jene Arbeit zugedacht und angeboten war, dem Künstler heftig zu und freut sich darüber, daß ein aus ihm Hervorgegangener so ausgezeichnet wird. Und das ist noch lange nicht das Wunderlichste, was zwischen Künstler und Volk geschehen kann. (367)

*

Preise und Ehrungen sind... vom Empfänger aus gesehen, weder ein Vergnügen und Fest, noch sind sie etwas von ihm Verdientes. Sie sind ein kleiner Bestandteil des komplizierten, zum großen Teil aus Mißverständnissen konstruierten Phänomens, das man Berühmtheit nennt, und sollen als das, was sie sind, hingenommen werden: als Versuche der offiziellen Welt, sich ihrer Verlegenheit inoffiziellen Leistungen gegenüber zu erwehren. Es ist von beiden Seiten eine symbolische Gebärde, ein Akt der Sitte und Höflichkeit. (368)

*

Mit der Berühmtheit ist es wie mit einer Lawine, die bekommt der am heftigsten zu spüren, der druntergerät. (369)

*

Es gibt Leute, die vom Weihrauchstreuen, und andre, die vom Niederreißen von Denkmälern leben. Wir sollen beide Arten des Typus Gernegroß nicht ernst nehmen. (370)

*

Die Menschen machen ihre Rechte an einem bekannt gewordenen Namen auf merkwürdige Art geltend, da ist kein Unterschied zwischen Wunderkind, Komponist, Dichter, Raubmörder. Der eine will sein Bild haben, der andere seine Handschrift, der dritte bettelt um Geld, jeder junge Kollege schickt Arbeiten ein, schmeichelt gewaltig und bittet um ein Urteil, und antwortet man nicht oder sagt seine Meinung, so wird derselbe Verehrer plötzlich bitter, grob und rachsüchtig. (371)

*

Es gehört zum Wesen der Kunst, daß sie Realität zu gesteigertem Ausdruck bringt und einen geheimen Sinn der Natur enthüllt, den zu finden oder zu erdichten dem Menschen ein uraltes Bedürfnis ist. (372)

*

Wo wir etwas finden, das wie Musik ist, da müssen wir bleiben; es gibt im Leben gar nichts andres zu Erstrebendes als das Gefühl der Musik, das Gefühl des Mitschwingens und rhythmischen Lebens, der harmonischen Berechtigung zum Dasein. (373)

*

Der genialste Dirigent wird zum Schädling, sobald er sich zu wichtig nimmt. (374)

*

Alle Klassiker stehen an einem Ende, sind Erben und Verzehrer, und eine Blüte wie Mozart etwa hat neben ihrer beglückenden Strahlung immer auch das Gegenteil in sich, die traurigmachende Ahnung, daß in einer solchen Hochblüte ein altes, langsames, edles Wachstum sich nicht erneut, sondern erschöpft und aufzehrt. (375)

*

Alles Lebendige ist ein Werden, nicht ein Sein. So ist auch das, was Sie »Kultur« nennen, nichts Fertiges und Abgeschlossenes, das man erben und pflegen oder das man wegwerfen und zerstören kann. Sondern es bleibt stets genausoviel von unsrer Kultur lebendig und wirkt weiter, als die Generation sich zu eigen zu machen und lebendig zu machen versteht. (376)

*

Jedes Dichten und Bilden, sei es Spiel oder Ernst, ist zuerst nicht eine öffentliche Angelegenheit, sondern eine Lebensfunktion des Dichtenden, ein Quell, der rinnt, ein Puls, der schlägt. Man kann eine solche Funktion opfern, gewiß, aber man soll es nur tun, wenn es lebenswichtig ist. (377)

*

Die Welt und das Leben zu lieben, auch unter Qualen zu lieben, jedem Sonnenstrahl dankbar offenstehen und auch im Leid das Lächeln nicht ganz zu verlernen – diese Lehre jeder echten Dichtung veraltet nie und ist heute notwendiger und dankenswerter als je. (378)

*

Es fehlt nicht an Autoren, deren Verzweiflung an unserer Zeit und deren Angst vor dem Chaos echt ist. Es fehlt aber an solchen, deren Glaube und Liebe ausreicht, sich selber über dem Chaos zu halten. (379)

*

So schön und edel die Ordnung ist – man muß in ihrer

Nähe die Nacht und das Chaos spüren, um von einer Dichtung völlig ergriffen zu sein. (380)

*

Eine Dichtung ist nicht nur Inhalt, sie wird desto mehr zur Dichtung, je mehr sie ihre Inhalte auf dem Weg zu der künstlerischen Alchimie zu Form verwandelt, zu Linie und zu Melodie sublimiert. (381)

*

Es kommt nicht darauf an, notwendige, aber hundertmal formulierte Gedanken zum 101.mal zu formulieren, sondern so mit dem Geist der Sprache eins zu sein, daß die Inhalte des Geschriebenen nebensächlich werden. (382)

*

Je und je muß die Erinnerung daran erlaubt sein, daß ein Volk an seinen großen Dichtern nicht nur eine Art vornehmerer Spaßmacher und Zeitvertreiber besitzt, bei welchen man sich gelegentlich ein paar angenehme Stündchen verschaffen kann, sondern etwas wesentlich anderes, nämlich Vorfühler, feinste tastende Organe, die gewissermaßen ein Stück Zukunft, ein Stück Entwicklungsmöglichkeit vorausleben und ausproben. In seinen Dichtern und Denkern, soweit sie nicht seine Liebediener waren, sondern den vollen Mut zu sich selber hatten, besitzt jedes Volk seine edelsten, doch auch gefährlichsten Vorbilder. Denn diese Vorbilder zeigen nicht eine leicht erfüllbare Schablone von Pflichten und Auffassungen zur Nachahmung, sondern sie zeigen und lehren gerade das Gegenteil, den Weg der Einsamkeit und des persönlichen Gewissens. (383)

*

Diese Zeit ist nicht schlechter noch besser als andere Zeiten. Sie ist ein Himmel für den, der ihre Ziele und Ideale teilt, und ist eine Hölle für den, der ihnen widerstrebt. Da nun der Dichter, wenn er seiner Herkunft und Berufung treu bleiben will, sich weder der erfolgstrunkenen Welt der Lebensbeherrschung durch Industrie und Organisation anschließen und hingeben darf, noch der Welt rationalisierter Geistigkeit, wie sie etwa unsre Universitäten beherrscht, sondern da es des Dichters einzige Aufgabe und Sendung ist, Diener, Ritter und Anwalt der Seele zu sein, sieht er sich im heutigen Welt-Augenblick zu einer Vereinsamung und einem Leiden verurteilt, welches nicht jedermanns Sache ist... So sehen wir denn die Mehrzahl der heutigen Dichter (ihre Zahl ist ohnehin klein) sich irgendwie der Zeit und ihrem Geiste anpassen, und gerade diese Dichter sind es, denen die größten Erfolge an der Oberfläche zufallen. Andere wieder verstummen und gehen im luftleeren Raum dieser Hölle still zugrunde. (384)

*

Das Amt des Dichters ist ebenso heilig wie entsagungsreich und erlaubt nicht ein Abbiegen der Tragik ins Soziale. (385)

*

Der romantische Geist ist für uns keineswegs eine historisch-gelehrte Angelegenheit, sondern eine höchst aktuelle, denn dort, in der Romantik, sehen wir den letzten großen Aufschwung des deutschen Geistes vor der Zeit der Materialisierung und Verflachung. (386)

*

Der Dichter lebt nicht davon, daß er den Lesern hübsche Sachen vorflötet, sondern einzig davon, daß er durch die Magie des Wortes sein eignes Wesen und Erleben sich selber zeigt und deutet, sei es hübsch oder häßlich, gut oder böse. (387)

*

Inmitten dessen, was sich heute Geistigkeit und Literatur nennt, kann ein halbwegs anständiger Mensch kaum eine andere Rolle spielen als die eines edlen, von allen verlachten Don Quichote oder die des bewußten Hanswurst, des Galgenhumoristen. (388)

*

Sache und Aufgabe des Dichters ist es schwerlich, im seelischen Verhalten zum Leben irgendeine normative Richtigkeit und Vorbildlichkeit darzustellen oder vorzutäuschen. Seine Sache ist es nur, der eigenen Natur getreu zu sein und die eigene Seele, einerlei ob krank oder gesund, so rein und intensiv wie möglich auszudrücken. (389)

*

Wo irgend wir in der Vergangenheit einer edlen Kultur begegnen, einem sinnvollen, schönen Leben, einer durchgeistigten Sinnlichkeit, einem geläuterten Lebensgefühl, da steht uns klar vor Augen, daß jenes höhere Leben nicht mit Kanonen und nicht mit Handelsschiffen zu erjagen ist, daß es heimlich in unserer Seele ruht und für den, der unter die Oberfläche zu dringen vermag, immer heimlich »mitten unter uns« ist wie das Reich Gottes, unter welchem wir am Ende auch nichts anderes verstehen als jene Beseeltheit des Lebens, von welcher das Neue Testament, von welcher Lao-Tse, von welcher Hafis oder Goethe Zeugnis geben. (390)

*

Dichtung ist nicht ein Abschreiben des Lebens, sondern ein Verdichten, ein Zusammensehen und Zusammenfassen des Zufälligen zum Typischen und Gültigen.
(391)

*

Weder ein gesunder Instinkt noch ein aufs Ethische gerichteter Wille macht den Dichter. Man kann ein Heiliger an Glauben und dabei ein Stümper im Dichten sein.
(392)

*

Es kommt bei einem Gedicht nicht darauf an, ob der Dichter seine gute Laune oder seine Verzweiflung mitteilt, sondern einzig darauf, ob er das, was Inhalt seines Gedichts ist, wirklich hat sagen und gestalten können.

Daß (ganz nebenher) das rückhaltlose Zugestehen sowie das sprachliche Aussprechenkönnen einer Verzweiflung etwas ganz und gar Positives ist, sieht ja im heutigen Deutschland überhaupt niemand. (393)

*

Alle Lyrik ist Spiegelung der Welt im vereinzelten Ich, Antwort des Ich auf die Welt, ist Klage, Besinnung und Spiel einer ganz und gar bewußt gewordenen Vereinsamung. (394)

*

Wenn ein Gedicht das Vertonen nötig hat, um zu wirken, dann ist es wenig wert, kann aber einem begabten Musiker dennoch Anlaß zu etwas Schönem werden, es gibt hundert Beispiele. Und wenn ein Gedicht für sich allein der Wirkung fähig ist, dann wird es immer wieder Leser finden, und die Versuche der Komponisten können es nicht kaputt machen. Im ganzen gilt wohl: je individueller und differenzierter ein Gedicht ist, desto mehr Widerstand setzt es dem Komponisten entgegen. Und je einfacher, allgemeiner, konventioneller es ist, desto leichter tut die Musik. (395)

*

Für den Dichter ist die Sprache nicht Funktion und Ausdrucksmittel, sondern heilige Substanz, wie es die Töne für den Musiker sind. Es sind daher gerade jene Schriftsteller, welche die Sprache nur als ein Lehr- und

Propagandamittel gebrauchen und die rationalen Inhalte ihrer Zeit unter dem größten Beifall der Zeitgenossen formulieren, oft so rasch wieder vergessen worden. (396)

*

Die Dichtung aber kann sich anstrengen, soviel sie mag, um etwaige Meinungen durchzusetzen, sie vermag es nicht, sondern sie lebt und wirkt nur da, wo sie wirklich Dichtung ist, das heißt, wo sie Symbole schafft. (397)

*

Es ist wunderlich mit der Tradition, sie ist ein Geheimnis, beinah ein Sakrament. Man lernt eine Tradition kennen, knüpft sie vorläufig an Namen, Richtungen, Programme, folgt ihr eine Weile und sieht dann langsam mit den Jahren und Jahrzehnten, daß hinter allen diesen Namen und Richtungen, die man vielleicht längst abgetan hat, ein Geheimnis liegt, eine namenlose Erbschaft, die nicht bloß zur Romantik oder zu Goethe oder zum Mittelalter oder zur Antike, sondern bis in die ältesten Mythologien und Völkergedanken zurückreicht und die weit genug ist, die größten Gegensätze an Menschen wie an Programmen zu umfassen, nur eines nicht: das unbedingt und ums Verrecken Neusein-Wollen.

(398)

*

Viele deutsche und Schweizer Dichter und Dilettanten haben es an sich, daß sie gern so tun, als sei Dichtung so etwas wie Spucken und Verdauen, etwas, was instinktiv und triebhaft und unter Ausschluß des Willens und der Vernunft sich vollzieht. Das ist nicht bloß dumm und falsch, es rächt sich auch sehr an unsrer Literatur, die weiß Gott nicht reich ist. (399)

*

Karikaturen müssen genial sein, schlechte sind unberechtigt. (400)

*

Wir Dichter haben, unter andrem, die Aufgabe, das von den Menschen unserer Zeit Erlittene auszusprechen, und das können wir nur, wenn wir es nicht vom Hörensagen, sondern aus eigenem Erleiden kennen. Ob das Aussprechen nun auf pathetische oder sentimentale, auf klagende oder auf witzige oder auf anklägerische Art geschieht, es ist auf jeden Fall notwendig und muß der Menschheit auf ihren unbeholfenen Kinderschritten der Entwicklung ein wenig helfen. Die heutige Größe des Leides gibt uns eine Solidarität, die alle Völker und alle Arten von Dasein und Leiden umfaßt. Das Unerträgliche muß zu Wort kommen, um vielleicht überstanden zu werden. (401)

*

Daß der Dichter so seine Wörtchen klaubt und setzt und auswählt, mitten in einer Welt, die morgen vielleicht zerstört sein wird, das ist genau das gleiche, was die

Anemonen und Primeln und andern Blumen tun, die jetzt auf allen Wiesen wachsen. Mitten in einer Welt, die vielleicht morgen mit Giftgas überzogen ist, bilden sie sorgfältig ihre Blättchen und Kelche, mit fünf oder vier oder sieben Blumenblättchen, glatt oder gezackt, alles genau und möglichst hübsch. (402)

*

Kunst und Dichtung wollen und sollen Leben wecken und leben helfen, und wo das glückt, strahlt auch vom Leser zum Dichter Leben und Stärkung zurück. (403)

*

Ehrfurcht vor der Dichtung, und damit auch eine gewisse Ehrfurcht vor dem Dichter, gehören notwendig zum höheren Leben, wenn auch heute nur wenige das wissen und üben. Aber das Reich des Geistes und des Schönen ist ein Ganzes, und daß ein Dichter einen wirklich ganz und gar neuen Gedanken ausspricht, ist nahezu unmöglich: er schöpft aus dem Schatz der Jahrtausende und nicht nur da, wo er es wissend und absichtlich tut, sondern auch unbewußt. (404)

*

Wenn man öffentlich auftritt und wenn es gar zur Berühmtheit kommt, besteht die Beziehung zwischen Dichter und Welt überhaupt fast nur noch aus Mißverständnissen. (405)

*

Die Wissenschaft ist entweder Geldgeschäft oder Spielerei (woran schon Kant und Hegel und die ganze Philosophie stark beteiligt sind, welche alle es ablehnen, ihre denkerischen Ergebnisse ins Leben zu übertragen). Die Literatur ist Unterhaltung, Spiel, Scharlatanerie, das Ganze eine Börse des Geschäfts und der Eitelkeit... Überall mangelt die Basis einer Moral und Heiligkeit, eines wahrhaft ernsten Strebens um überpersönliche Werte. Jeder arbeitet, strebt, denkt und politisiert für sich, für seine Person, seinen Ruhm und seine Partei. Statt dessen müßte die Arbeit und die geistige Anstrengung und Erhebung aller gemeinsam in einen Strom einmünden, der nur der Menschheit gehört und worin Leistung oder Irrtum des einzelnen alsbald anonym wird. (406)

*

Immer haben die Wissenschaftlichen über den neuen Schläuchen den alten Wein versäumt, indem die Künstler – sorglos bei manchem äußerlichen Irrtum verharrend – Tröster und Freudebringer für viele gewesen sind. Es ist der alte, ungleiche Kampf zwischen Kritik und Schöpfung, Wissenschaft und Kunst, wobei jene immer recht hat, ohne daß jemand damit gedient wäre, diese aber immer wieder den Samen des Glaubens, der Liebe, des Trostes und der Schönheit und Ewigkeitsahnung hinauswirft und immer wieder guten Boden findet. Denn das Leben ist stärker als der Tod, und der Glauben ist mächtiger als der Zweifel. (407)

*

Wer sein Verhältnis zu der vielfältigen, vielschichtigen Welt als Dichter auszudrücken sucht, hat so viel bessere, entsprechendere Wege, als wer es auf rein intellektuellem Wege tut. (408)

*

Ich besann mich oft darüber, warum über Dichtung meistens so merkwürdig geschrieben wird, so unpassend und verwirrend. Es geschieht, weil der Inhalt aller Dichtung von der Kritik meist gar nicht gekannt ist. Jede Dichtung, die so heißen darf, hat ja keinen anderen Inhalt als die Seele, als das Vibrieren des zeitlosen Ich im Zeitlichen. Die Kritik aber meint meistens, die Dichtung wolle oder müsse lehren, müsse Lebensbilder zur Anschauung geben, Charakterstudien, Berufsdarstellungen, Milieus usw., was alles nur Nebensache und meist Zufall ist. Für keinen wirklichen Dichter gibt es eine »Stoffwahl«. Aber man kritisiert sie stets, während man nie einen Tenor darum fragt, warum er eigentlich nicht lieber Baß singe. (409)

*

Wenn ich die Wahl habe zwischen einer nüchternen, kühlen philologischen Untersuchung und einem aus lauter Wärme und Enthusiasmus bestehenden Essay, dann ist die erstere mir lieber. Jede Wissenschaft ist liebenswert, wo sie auf ihrem Boden bleibt und nicht Anleihen bei anderen Provinzen des Geistes macht. (410)

*

Gewöhnlich ist das, was ein Dichter ohne äußeren Anlaß rein für sich selber schreibt, besser, als was er auf Anruf zu irgendeinem Zwecke macht. (411)

*

Für unsereinen sind die Redakteure in jedem Fall Gegner, auch wenn sie es nicht merken lassen: was wir schreiben, interessiert sie wenig. Sie möchten vielmehr, daß wir das schreiben, was sie uns zu schreiben nahelegen. (412)

*

Um vom Schreiben leben zu können, braucht es entweder ungewöhnliche Erfolge oder ein Herabsteigen in die Journalistik oder sonst ein Schreibergewerbe. (413)

*

Mit Schreiben Brot zu erwerben, ist schwerer als alles andre und verdirbt die Begabung, falls sie vorhanden ist. (414)

Glück

Das Glück ist ein Wie, kein Was, ein Talent, kein Objekt. (415)

*

Glück gibt es nur, wenn wir vom Morgen nichts verlangen und vom Heute dankbar annehmen, was es bringt, die Zauberstunde kommt doch immer wieder. (416)

*

Sich wegwerfen können für einen Augenblick, Jahre opfern können für das Lächeln einer Frau, das ist Glück. (417)

*

Glück hat weder mit Ratio noch mit Moral etwas zu tun, es ist etwas seinem Wesen nach Magisches, einer frühen, jugendlichen Menschheitsstufe Zugehörendes. Der naive Glückliche, der von den Feen Beschenkte, von den Göttern Verwöhnte, ist kein Gegenstand für die rationale Betrachtung, er ist Symbol und steht jenseits des Persönlichen und des Geschichtlichen. Dennoch gibt es hervorragende Menschen, aus deren Leben das »Glück« nicht wegzudenken ist, bestehe es auch nur darin, daß sie und die ihnen gemäße Aufgabe tatsächlich geschichtlich und biographisch einander finden und treffen, daß sie nicht zu früh und nicht zu spät geboren wurden. (418)

*

Der Mensch ist voll Verlangen nach Glück und erträgt doch das Glück nicht lange Zeit. (419)

*

Unglück wird zu Glück, indem man es bejaht. (420)

Liebe

Je weniger ich im ganzen an unsere Zeit glauben kann, je mehr ich das Menschentum verkommen und verdorren zu sehen meine, desto weniger stelle ich diesem Verfall die Revolution entgegen und desto mehr glaube ich an die Magie der Liebe. (421)

*

Indisch aufgefaßt, d. h. im Sinn der Upanishaden und der ganzen vorbuddhistischen Philosophie, ist mein Nächster nicht nur »ein Mensch wie ich«, sondern er ist Ich, er ist mit mir eins, denn die Trennung zwischen ihm und mir, zwischen Ich und Du, ist Täuschung, Maya. Mit dieser Deutung ist auch der ethische Sinn der Nächstenliebe völlig ausgeschöpft. Denn wer erst eingesehen hat, daß die Welt eine Einheit ist, dem ist ohne weiteres klar, daß es sinnlos ist, wenn die einzelnen Teile und Glieder dieses Ganzen einander wehtun. (422)

*

Nichts vermag der Mensch so zu lieben wie sich selbst. Nichts vermag der Mensch so zu fürchten wie sich selbst. So entstand zugleich mit den andern Mythologien, Geboten und Religionen des primitiven Menschen auch jenes seltsame Übertragungs- und Scheinsystem, nach welchem die Liebe des einzelnen zu sich selber, auf welcher das Leben ruht, dem Menschen für verboten galt und verheimlicht, verborgen, maskiert werden mußte. Einen andern zu lieben, galt für besser, für sittlicher, für edler, als sich selbst zu lieben. Und da die Eigenliebe nun doch einmal der Urtrieb war und die

Nächstenliebe neben ihr niemals recht gedeihen konnte, erfand man sich eine maskierte, erhöhte, stilisierte Selbstliebe in Form einer Art von Nächstenliebe auf Gegenseitigkeit. So wurde die Familie, der Stamm, das Dorf, die Religionsgemeinschaft, das Volk, die Nation zum Heiligtum. (423)

*

Das Gebot der Liebe, einerlei ob es von Jesus oder von Goethe gelehrt wurde, dies Gebot wurde von der Welt völlig mißverstanden. Es war überhaupt kein Gebot. Es gibt überhaupt keine Gebote. Gebote sind irrtümlich aufgefaßte Wahrheiten. Der Grund aller Weisheit ist: Glück kommt nur durch Liebe. Sage ich nun: »Liebe deinen Nächsten!« so ist das schon eine verfälschte Lehre. Es wäre viel richtiger zu sagen: »Liebe dich selbst so wie deinen Nächsten«! Und es war vielleicht der Urfehler, daß man immer beim Nächsten anfangen wollte. (424)

*

Wir müssen unsre Liebe so frei wie möglich halten, um sie zu jeder Stunde verschenken zu können. Die Objekte, an die wir sie hingeben, überschätzen wir immer, und daraus fließt viel Leid. (425)

*

Was im Denken und in der Kunst mein Vorzug ist, das macht mir im Leben, besonders bei Frauen, oft Beschwerden: daß ich meine Liebe nicht fixieren kann, daß ich nicht Eines und Eine lieben kann, sondern das Leben und die Liebe überhaupt lieben muß. (426)

*

Gerade die guten Künstler und Dichter sind zwar oft feurige Liebhaber, aber selten gute Gatten. Denn der Künstler lebt in erster Linie für sein Werk. Er hat nicht mehr Liebe zu geben als ein anderer, sondern eher weniger, da die Arbeit an seinem Werk soviel davon erfordert. (427)

*

Ohne Persönlichkeit gibt es keine Liebe, keine wirklich tiefe Liebe. (428)

*

Die Liebe erleidet man, aber je hingegebener man sie leidet, desto stärker macht sie uns. (429)

*

Jeder weiß und erlebt es, wie leicht es ist, sich zu verlieben, und wie schwer und schön es ist, wirklich zu lieben. Liebe ist, wie alle wirklichen Werte, nicht käuflich. Es gibt einen käuflichen Genuß, aber keine käufliche Liebe. (430)

*

Sie werden stets alles haben, was man mit Geld kaufen kann, aber Sie werden dazu verurteilt sein, zu sehen, wie man immer und überall gerade das Beste, gerade das Schönste, gerade das Begehrenswerteste nicht mit Geld kaufen kann! Das Beste, das Schönste, das Begehrenswerteste auf der Welt kann man nur mit der eigenen Seele bezahlen, wie man Liebe niemals kaufen kann, und wessen Seele nicht rein, nicht des Guten fähig, nicht wenigstens des Glaubens an das Gute fähig ist, dem klingt auch das Beste und Edelste nicht mehr rein und voll entgegen, und er muß sich für immer mit dem verkleinerten, verdorbenen, getrübten Bilde der Welt begnügen, das seine Gedanken sich zur eigenen Qual und Verarmung geschaffen haben. (431)

*

Das Böse entsteht immer da, wo die Liebe nicht ausreicht. (432)

*

Etwas lieben können – welche Erlösung! (433)

*

Aufrichtigkeit ist eine gute Sache, aber sie ist wertlos ohne die Liebe. Liebe heißt jede Überlegenheit, jedes Verstehenkönnen, jedes Lächelnkönnen im Schmerz. (434)

*

Betrachtung ist nicht Forschung oder Kritik, sie ist nichts als Liebe. Sie ist der höchste und wünschenswerteste Zustand unserer Seele: begierdelose Liebe.

(435)

*

Die Widerstände gegen das Anerkennen der körperlichen Liebe sind es, die die meisten Neurosen schaffen und aus denen meist auch eine allgemeine, edel aussehende, aber übel wirkende Verlogenheit im übrigen Leben entsteht, z. B. in den patriotischen und politischen Dingen. (436)

*

Jeder Mensch ist liebenswert, wenn er wirklich zu Worte kommt. (437)

Tod

Die Dahingegangenen bleiben mit dem Wesentlichen, womit sie auf uns gewirkt haben, mit uns lebendig, solange wir selber leben. Manchmal können wir sogar besser mit ihnen sprechen, uns besser mit ihnen beraten und uns Rat von ihnen holen als von Lebenden.
(438)

*

Todesruf ist auch Liebesruf. Der Tod wird süß, wenn wir ihn bejahen, wenn wir ihn als eine der großen, ewigen Formen des Lebens und der Verwandlung annehmen. (439)

*

Es darf uns nicht daran liegen, das Vergangene festzuhalten oder zu kopieren, sondern wandlungsfähig das Neue zu erleben. Insofern ist Trauer im Sinn des Hängenbleibens am Verlust nicht gut und nicht im Sinne des wahren Lebens. (440)

*

Ich bin des Glaubens, daß wir nicht ins Nichts gehen, ebenso wie ich des Glaubens bin, daß unsere Arbeit und Sorge um das, was uns das Gute und Rechte schien, nicht vergebens war. Aber in welchen Formen das Ganze uns Teile belebt und immer wieder festhält, darüber kann ich wohl zuweilen phantasieren, aber nicht eine dogmatisch festgelegte Meinung annehmen. Glauben ist Vertrauen, nicht Wissenwollen. (441)

*

Sterben heißt ins kollektive Unbewußte eintreten, sich darin verlieren, um in Form, in reine Form verwandelt zu werden. (442)

*

Zum Tod habe ich das gleiche Verhältnis wie früher, ich hasse ihn nicht und fürchte ihn nicht. Wenn ich einmal untersuchen wollte, mit wem und mit was ich nächst meiner Frau und meinen Söhnen am meisten und am liebsten Umgang habe, so würde sich zeigen, daß es lauter Tote sind, Tote aller Jahrhunderte, Musiker, Dichter, Maler. Ihr Wesen, verdichtet in ihren Werken, lebt fort und ist mir viel gegenwärtiger und realer als die meisten Zeitgenossen. Und ebenso ist es mit den Toten, die ich im Leben gekannt, geliebt und »verloren« habe, meinen Eltern und Geschwistern, meinen Jugendfreunden – sie gehören zu mir und meinem Leben, heute ebenso wie einst, als sie noch lebten, ich denke an sie, träume von ihnen und rechne sie mit zu meinem täglichen Leben.
Dies Verhältnis zum Tod ist also kein Wahn und keine hübsche Phantasie, sondern ist real und gehört zu meinem Leben. Ich kenne wohl die Trauer über die Vergänglichkeit, die kann ich mit jeder welkenden Blume empfinden. Aber es ist eine Trauer ohne Verzweiflung. (443)

*

Wohl denen, die an das Wiedersehen in einer andern Existenzform glauben! Wir andern müssen uns mit der Erfahrung begnügen, daß geliebte Tote uns gegenwärtiger und lebendiger sein können als alle Lebenden. Zu Zeiten, für Stunden nur, aber es sind unsre besten.

(444)

*

Wie da so allmählich alle hinwegschwinden und man am Ende weit mehr Nahe und Nächste »drüben« hat als hier, wird man unversehens selber auf dies Drüben neugierig und verlernt die Scheu, die der noch fester Umbaute davor hat. (445)

Jugend und Alter

Mir ist das Betonen oder Organisieren der Jugend nie sympathisch gewesen; es gibt eigentlich jung und alt nur unter Dutzendmenschen; alle begabteren und differenzierteren Menschen sind bald alt, bald jung, so wie sie bald froh, bald traurig sind. (446)

*

Was mir seit Jahrzehnten widerlich ist, das ist erstens die blöde Anbetung der Jugend und Jugendlichkeit wie sie etwa in Amerika blüht, und dann noch mehr die Etablierung der Jugend als Stand, als Klasse, als »Bewegung«. (447)

*

Es ist ein alter Satz von mir – das Wichtigste erlebt der Mensch vor seinem 15. Jahr. (448)

*

Ein Lebensweg mag von gewissen Situationen aus noch so sehr determiniert scheinen, er trägt doch stets alle Lebens- und Wandlungsmöglichkeiten in sich, deren der Mensch selbst irgend fähig ist. Und die sind desto größer, je mehr Kindheit, Dankbarkeit und Liebefähigkeit wir haben. (449)

*

Mit der Selbstbeschränkung des Berufes und des Mannesalters muß man seine Jugend nicht begraben. »Jugend« ist das in uns, was Kind bleibt, und je mehr dessen ist, desto reicher können wir auch im kühlbewußten Leben sein. (450)

*

Seelische Narben aus den Jugendjahren her hat fast jeder etwas differenzierte Mensch, und es gibt, auch außer der Psychoanalyse, eine Menge von Arten, mit ihnen fertig zu werden. Jede Religion ist eine solche Art und auch noch jeder Religionsersatz, z. B. die Zugehörigkeit zu einer Partei. (451)

*

Mit der Reife wird man immer jünger. Es geht auch mir so, obwohl das wenig sagen will, da ich das Lebensgefühl meiner Knabenjahre im Grund stets beibehalten habe und mein Erwachsensein und Altern immer als eine Art Komödie empfand. (452)

*

Ich kann nicht finden, daß ein Jüngling mehr als ein Knabe, ein Mann mehr als ein Jüngling sei, sonst muß auch wieder ein Greis mehr als ein Mann und schließlich ein »Vollendeter«, also ein Toter, mehr als ein Lebender sein. Das wollte mir nie einleuchten. Darum sind mir stets alle Dinge und Erscheinungen, soweit sie mir nur zugänglich und verständlich waren, gleich wertvoll und gleich merkwürdig gewesen. Darum schildere ich auch einen Alten so gern wie einen Jungen, einen Novemberabend so gern wie ein Sommergewitter, ja eigentlich ein Tier oder einen Baum fast ebenso gern wie einen Menschen. (453)

*

Es kommt für uns Ältere nicht darauf an, die neue Jugend zu widerlegen und irgendwie abzutun, sondern sie zu verstehen und sie, so weit wir irgend können, erkennend lieben zu lernen. (454)

*

Die Jungen haben nicht die Aufgabe, uns Vorgänger zu rechtfertigen, sondern sich selber durchzusetzen und sich von allem zu befreien, was Altes, Faules, Hemmendes da war. Daß sie in Schulen gegangen sind, um deren Errichtung andere vor ihnen gekämpft und geblutet haben, daß sie Erben sind und später einmal daran denken sollten, das alles kommt heute nicht in Betracht, das alles muß ihnen Nichts sein neben dem einen Gefühl: wir sind da, wir sind jung, wir wollen das Gute, das Bessere, das Einzige. Daß andere zu ihrer Zeit dasselbe gefühlt haben, daß viele von ihnen treu geblieben sind und mit ergrauenden Haaren noch gläubig nach den Sternen blicken, daß wir Ältere überhaupt, ob gut oder schlecht, nicht gerade gerne schon Platz machen und unsern Unwert bekennen mögen, das alles zu bedenken, hier Gerechtigkeit zu üben, da Maß zu halten, dort nicht unnütz zu verletzen, das alles ist nicht die Aufgabe der Jugend! An uns aber ist es nicht nur, jenes Maß und jene Gerechtigkeit zu üben, sondern auch die Zukunft im gärenden Jetzt zu erspüren und ihr Recht zu geben, sie möge nun über unsere Gräber weggehen oder nicht. (455)

*

Auf eine menschenwürdige Art alt zu werden und jeweils die unserem Alter zukommende Haltung oder Weisheit zu haben, ist eine schwere Kunst; meistens sind wir mit der Seele dem Körper gegenüber entweder voraus oder zurück, und zu den Korrekturen dieser Differenzen gehören jene Erschütterungen des inneren Lebensgefühls, jenes Zittern und Bangen an den Wurzeln, die uns je und je bei Lebenseinschnitten und Krankheiten befallen. Mir scheint, man darf ihnen gegenüber wohl klein sein und sich klein fühlen, wie Kinder durch Weinen und Schwäche hindurch am besten das Gleichgewicht nach einer Störung des Lebens wiederfinden. (456)

*

Dem Leiden und dem Tod gewachsen sein, ist die Aufgabe des Alters. Begeistertsein, Mitschwingen, Angeregtsein ist die Stimmung der Jugend. Die können einander gelten lassen und können miteinander befreundet sein, aber sie sprechen zweierlei Sprache. (457)

*

Im Älterwerden neigt man dazu, auch die moralischen Erscheinungen, die Verwirrungen und Entartungen im Menschen- und Völkerleben wie Naturlaunen zu nehmen, wobei einem wenigstens der tröstliche Ausblick bleibt, daß noch nach jeder Katastrophe wieder Gras und Blumen gewachsen sind und daß nach jeder Verrücktheit die Völker wieder zu gewissen moralischen Grundbedürfnissen zurückkehren, denen trotz allem doch eine gewisse Stabilität und Norm innezuwohnen scheint. (458)

*

Wer alt geworden ist und darauf achtet, der kann beobachten, wie trotz dem Schwinden der Kräfte und Potenzen ein Leben noch spät und bis zuletzt mit jedem Jahr das unendliche Netz seiner Beziehungen und Verflechtungen vergrößert und vervielfältigt und wie, solange ein Gedächtnis wach ist, doch von all dem Vergänglichen und Vergangenen nichts verloren geht. (459)

*

Was wäre mit uns Alten, wenn wir das nicht hätten: das Bilderbuch der Erinnerung, den Schatz an Erlebtem! Kläglich wäre es und elend. So aber sind wir reich, und wir tragen nicht nur einen verbrauchten Leib dem Ende und dem Vergessen entgegen, sondern sind auch Träger jenes Schatzes, der so lange lebt und leuchtet, als wir atmen. (460)

Editorische Notiz

Die unerwartet lebhafte und freundliche Aufnahme, die Hermann Hesses unter dem Titel »Lektüre für Minuten« versammelten Erfahrungs- und Denkresultate beim Leser gefunden haben, hat uns ermutigt, aus den zahlreichen Neuentdeckungen der letzten drei Jahre, die bei der editorischen Arbeit an Nachlaß und Werk zum Vorschein kamen, einen zweiten Band zusammenzustellen.

Auch diesmal wieder waren es vor allem die Briefe Hermann Hesses, die sich als besonders reichhaltig an prägnanten und dezidierten Stellungnahmen erwiesen. Doch auch zahlreiche Auszüge aus den in Zeitungen und Zeitschriften verstreuten und bisher in Buchform noch nicht zusammengefaßten kritischen und essayistischen Einzelpublikationen, sowie einige Nachträge aus den vor allem im ersten Teil der »Lektüre für Minuten« berücksichtigten Romanen und Erzählungen Hesses komplettieren diesen Band.

Nicht nur aus Gründen der formalen Einheitlichkeit wurde die thematische Gliederung beibehalten, sondern weil sich die vorhandenen Proportionen auch durch das neu aufgefundene Material nicht verschoben haben. So stehen den Gedanken über das eigene Metier, über die Lage und Funktion des Künstlers als des am weitesten ausgeprägten und exponierten Individuums auch hier wieder die Gedanken über Politik und Gesellschaft quantitativ nahezu gleichwertig gegenüber, da sich diese Bereiche für Hesse keineswegs ausschließen, sondern gegenseitig bedingen. Sein poetisches Werk ist – wie es sich im Verlauf unserer Nachlaßeditionen immer deutlicher herausstellen wird – die exakte, ins Bild zurücktransformierte Spiegelung eines scharfsichtigen und kritischen Intellekts, der sich niedergeschlagen hat in nahezu 35 tausend Antworten auf Briefe und in einem kultur- und zeitkritischen Werk, das leider viel zu wenig bekannt und berücksichtigt ist, da hiervon bis heute erst etwa der zehnte Teil in Buchform erschlossen werden konnte.

Dieses Denken, Leben und poetische Werk ist eine einzige Gleichung. Ihre Elemente, wie sie in den beiden Bänden »Lektüre für Minuten« isoliert wurden, fügen sich ineinander wie ein Mosaik, dessen Gesamtheit das Porträt eines Menschen ergibt, der, indem er sich selbst restlos zum Ausdruck bringt, zugleich auch das psychologisch Gesetzmäßige der Allgemeinheit trifft. So erweisen sich auch manche scheinbaren Gegensätze nicht als Widersprüche, sondern als Ergänzungen, als dialektische Polaritäten ein und derselben Sache. In diesem Spannungsfeld spielt sich für Hesse alles Lebendige ab. In seinem Modell vom »Glasperlenspiel« läßt er dies sogar systematisch praktizieren: »Beliebt war bei einer gewissen Spielerschule«, heißt es dort, »lange Zeit namentlich das Nebeneinanderstellen, Gegeneinanderführen und endliche harmonische Zusammenführen zweier feindlicher Ideen, wie Gesetz und Freiheit, Individuum und Gemeinschaft, und man legte großen Wert darauf, in einem solchen Spiel Themata und Thesen vollkommen gleichwertig und parteilos durchzuführen, aus These und Antithese möglichst rein die Synthese zu entwickeln.«

So mag auch diese Sammlung mit Thesen und Antithesen für alle diejenigen eine Hilfe sein, die Zeitkritik und Alternativen eines Dichters nicht ohne weiteres aus dem ungleich komplexeren poetischen Werk herauszulesen in der Lage sind, sondern den Umweg über die mehr abstrakte Formulierung bevorzugen.

Frankfurt am Main, im März 1975 V. M.

Quellenangabe

Beschwörungen 297, 367
Betrachtungen 83, 247, 250, 313, 354, 368, 431, 435
Ausgewählte Briefe 37, 48, 70, 100, 102, 166, 226, 241, 251, 252, 258, 261, 316, 363, 397, 401, 421, 456
Gesammelte Briefe Bd. 1 (1895-1921) 25, 41, 47, 49, 53, 54, 62, 75, 129, 141, 143, 145, 193, 200, 205, 268, 299, 325, 415, 450
Briefwechsel, Hesse-Thomas Mann 52, 79, 445
Briefwechsel, Hesse-Peter Suhrkamp 127
Unveröffentlichte Briefe (Edition in Vorbereitung) 1, 3, 4, 5, 6, 7, 8, 10, 11, 13, 15, 16, 18, 21, 26, 27, 28, 29, 30, 31, 32, 33, 34, 36, 38, 39, 44, 45, 46, 50, 51, 55, 56, 57, 58, 59, 60, 63, 64, 65, 67, 68, 72, 73, 74, 76, 77, 78, 79, 80, 81, 82, 84, 89, 90, 91, 93, 95, 101, 103, 106, 107, 108, 109, 110, 111, 112, 113, 114, 116, 117, 119, 120, 124, 128, 131, 135, 137, 138, 139, 140, 142, 146, 147, 150, 151, 157, 160 , 161, 163, 164, 165, 168, 169, 171, 176, 178, 182, 183, 184, 185, 186, 188, 195, 196, 197, 203, 206, 212, 213, 214, 216, 217, 218, 219, 220, 223, 227, 228, 230, 231, 233, 234, 235, 237, 238, 239, 242, 246, 248, 253, 254, 256, 257, 265, 269, 271, 276, 282, 283, 284, 285, 290, 292, 304, 310, 318, 320, 327, 330, 331, 333, 337, 341, 343, 344, 345, 346, 348, 356, 357, 359, 360, 361, 364, 365, 366, 370, 373, 376, 377, 379, 382, 387, 388, 391, 393, 395, 398, 399, 400, 402, 403, 404, 405, 408, 409, 410, 411, 412, 413, 414, 416, 422, 425, 426, 427, 428, 429, 432, 436, 438, 439, 440, 441, 443, 444, 446, 447, 448, 449, 451, 452, 453, 457, 458, 460
Demian 134, 155, 156
Diesseits 417
Eigensinn 17, 211, 263, 317, 352, 358, 406, 423, 424
Die Erzählungen 244, 300, 302
Gedenkblätter 273, 298
Gertrud 136, 371
Das Glasperlenspiel 94, 153, 154, 162, 167, 179, 180, 190, 267, 418
Klingsors letzter Sommer (Klein und Wagner) 24, 215, 433
Knulp 177
Krieg und Frieden 2, 23, 35, 69, 87, 144, 152, 170, 172, 173, 174, 192, 204, 207, 419, 434
Dic Kunst des Müßiggangs 118, 121, 187, 281, 308, 329, 430

Kurgast 236, 301
Hermann Lauscher 309
Eine Literaturgeschichte in Rezensionen und Aufsätzen (bzw. Schriften zur Literatur Bd. 2) 105, 115, 202, 264, 272, 286, 287, 322, 347, 349, 351, 420
Märchen 133, 243
Narziß und Goldmund 270
Neue deutsche Bücher (Literaturbericht für Bonniers Literära Magasin 1935-36) 249
Prosa und Feuilletons aus dem Nachlaß (unveröffentlicht) 9, 14, 22, 40, 42, 85, 92, 96, 122, 123, 125, 126, 148, 159, 189, 199, 201, 208, 229, 240, 245, 266, 275, 291, 294, 295, 296, 312, 315, 323, 324, 326, 328, 335, 338, 340, 342, 369, 372, 378, 383, 384, 389, 396, 442, 459
Rezensionen aus dem Nachlaß (unveröffentlicht) 12, 19, 20, 61, 66, 71, 86, 88, 97, 98, 99, 104, 130, 132, 158, 175, 191, 210, 221, 222, 224, 225, 232, 255, 259, 260, 274, 277, 278, 279, 280, 288, 289, 293, 303, 306, 311, 314, 319, 321, 332, 334, 336, 339, 350, 355, 362, 374, 380, 381, 385, 386, 390, 392, 394, 437, 454, 455
Siddhartha 43, 149, 198, 262, 305, 307
Der vierte Lebenslauf Josef Knechts 353, 375
Unterm Rad 194, 407
Wanderung 181, 209

Zeittafel

1877 geboren am 2. Juli in Calw/Württemberg als Sohn des baltischen Missionars und späteren Leiters des »Calwer Verlagsvereins« Johannes Hesse (1847-1916) und Marie Hesses, verw. Isenberg, geb. Gundert (1842-1902), der ältesten Tochter des namhaften Indologen und Missionars Hermann Gundert.

1881-1886 wohnt Hesse mit seinen Eltern in Basel, wo der Vater bei der »Basler Mission« unterrichtet und 1883 die Schweizer Staatsangehörigkeit erwirbt (zuvor: russische Staatsangehörigkeit).

1886-1889 Rückkehr nach Calw (Juli), wo Hesse das Reallyzeum besucht.

1890-1891 besucht er die Lateinschule in Göppingen, um sich auf das Württembergische Landexamen (Juli 1891) vorzubereiten, der Voraussetzung für eine kostenlose Ausbildung zum ev. Theologen im »Tübinger Stift«. Deshalb muß er auf sein Schweizer Bürgerrecht verzichten. Im November 1890 erwirbt ihm sein Vater die württembergische Staatsangehörigkeit.

1891-1892 Seminarist im ev. Klosterseminar Maulbronn (Sept. 1891), aus dem er nach 7 Monaten flieht, weil er »entweder Dichter oder gar nichts werden wollte«. (April 1892)

1892 bei Christoph Blumhardt (zum »Teufelaustreiben«) in Bad Boll (April-Mai); Selbstmordversuch (Juni), Aufenthalt in der Nervenheilanstalt Stetten (Juni-August). Aufnahme ins Gymnasium von Cannstatt (Nov. 1892), wo er

1893 im Juli das Einjährig-Freiwilligen-Examen (Obersekundareife) absolviert. »Werde Sozialdemokrat und laufe ins Wirtshaus. Lese fast nur Heine, den ich sehr nachahmte.«

1894-1895 Praktikant in der Calwer Turmuhrenfabrik Perrot.

1895-1898 Buchhändlerlehre bei J. J. Heckenhauer in Tübingen.

1899 beginnt er mit der Niederschrift eines Romans »Schweinigel« (Manuskript noch nicht aufgefunden). ›Romantische Lieder‹ erscheinen bei Pierson, Dresden.

	›Eine Stunde hinter Mitternacht‹ erscheint bei Diederichs, Leipzig.
1899-1903	Als Buchhandelsgehilfe in Basel (Buchhandlung R. Reich u. Antiquariat v. Wattenwyl). H. H. beginnt für die »Allgemeine Schweizer Zeitung« Artikel und Rezensionen zu schreiben, die ihm mehr noch als seine Bücher »einen gewissen lokalen Ruf machten, der mich im gesellschaftlichen Leben sehr unterstützte.«
1901	Erste Italienreise nach Florenz (Genua, Pisa, Venedig). ›Hinterlassene Schriften und Gedichte von Hermann Lauscher‹ erscheinen bei R. Reich, Basel.
1902	›Gedichte‹ erscheinen bei Grote, Berlin, seiner Mutter gewidmet, die kurz vor Erscheinen des Bändchens stirbt.
1903	Zweite Italienreise (Florenz, Venedig) nach Aufgabe seiner Buchhändler- und Antiquariatstätigkeit; Hesse beendet die Niederschrift des Camenzind-Manuskripts, das er auf Einladung des S. Fischer Verlages nach Berlin sendet.
1904	›Peter Camenzind‹ erscheint bei S. Fischer, Berlin. Eheschließung mit Maria Bernoulli, Tochter aus altem Basler Gelehrtengeschlecht. Mit ihr bezieht er im Juli ein leerstehendes Bauernhaus in Gaienhofen am Bodensee, um als freier Schriftsteller und Mitarbeiter von zahlreichen Zeitungen und Zeitschriften zu arbeiten (u. a. »Die Propyläen«, d. i. Münchner Zeitung; »Die Rheinlande«, »Simplicissimus«, »März«, »Der Schwabenspiegel«, d. i. Württemberger Zeitung). Die biographischen Studien »Boccaccio« und »Franz von Assisi« erscheinen bei Schuster & Löffler, Berlin u. Leipzig.
1905	Geburt des ersten Sohnes, Bruno
1906	›Unterm Rad‹ (1903-1904 entstanden) erscheint bei S. Fischer, Berlin. Gründung der liberalen, gegen das persönliche Regiment Wilhelms II. gerichteten Zeitschrift »März« (Verlag Albert Langen, München), als deren Mitherausgeber Hesse bis 1912 zeichnet.
1907	›Diesseits‹, Erzählungen, erscheinen bei S. Fischer, Berlin. In Gaienhofen baut und bezieht Hesse ein eigenes Haus »Am Erlenloh«.
1908	›Nachbarn‹, Erzählungen, erscheinen bei S. Fischer, Berlin.

1909 Geburt des zweiten Sohnes, Heiner.

1910 ›Gertrud‹, Roman, erscheint bei Albert Langen, München.

1911 ›Unterwegs‹, Gedichte, erscheinen bei Georg Müller, München. Geburt des dritten Sohnes, Martin Indienreise mit dem befreundeten Maler Hans Sturzenegger.

1912 ›Umwege‹, Erzählungen, erscheinen bei S. Fischer, Berlin. Hesse verläßt Deutschland und übersiedelt mit seiner Familie nach Bern in das ehem. Haus des befreundeten Malers Albert Welti.

1913 ›Aus Indien. Aufzeichnungen einer indischen Reise‹ erscheinen bei S. Fischer, Berlin.

1914 ›Roßhalde‹, Roman, erscheint bei S. Fischer, Berlin. Bei Kriegsbeginn meldet sich Hesse freiwillig, wird aber als dienstuntauglich zurückgestellt und der Deutschen Gesandtschaft in Bern zugeteilt, wo er im Dienst der »Deutschen Gefangenenfürsorge« Hunderttausende von Kriegsgefangenen und Internierte in Frankreich, England, Rußland und Italien mit Lektüre versorgt, Gefangenenzeitschriften (z. B. »Deutsche Interniertenzeitung«) herausgibt, redigiert und einen eigenen Verlag für Kriegsgefangene (»Verlag der Bücherzentrale für deutsche Kriegsgefangene«) aufbaut, in welchem von 1918 bis 1919 22 Bändchen erscheinen.

1914-1919 Zahlreiche politische Aufsätze, Mahnrufe, offene Briefe etc. in deutschen, schweizerischen und österreichischen Zeitungen und Zeitschriften.

1915 ›Knulp. Drei Geschichten aus dem Leben Knulps‹ (vorabgedruckt bereits 1908) erschienen bei S. Fischer, Berlin.

›Am Weg‹, Erzählungen, erschienen bei Reuß & Itta, Konstanz.

›Musik des Einsamen‹, Neue Gedichte, erschienen bei Eugen Salzer, Heilbronn.

›Schön ist die Jugend‹, Erzählungen, erschienen bei S. Fischer. Der Tod des Vaters, die Krankheit seiner Frau und des jüngsten Sohnes Martin führen zu einem Nervenzusammenbruch. Erste psychotherapeutische Behandlung durch den C. G. Jung-Schüler J. B. Lang bei einer Kur in Sonnmatt bei Luzern.

1919 Die politische Flugschrift ›Zarathustras Wiederkehr. Ein Wort an die deutsche Jugend von einem Deutschen‹, er-

scheint anonym im Verlag Stämpfli, Bern; 1920 unter dem Namen des Verfassers bei S. Fischer, Berlin.
Übersiedlung nach Montagnola/Tessin in die Casa Camuzzi, die er bis 1931 bewohnt.
›Kleiner Garten‹, Erlebnisse und Dichtungen, erscheint bei E. P. Tal & Co., Wien u. Leipzig.
›Demian. Die Geschichte einer Jugend‹ erscheint unter dem Pseudonym Emil Sinclair bei S. Fischer, Berlin.
›Märchen‹ erschienen bei S. Fischer, Berlin.
Gründung und Herausgabe der Zeitschrift »Vivos voco«, Für neues Deutschtum (Leipzig, Bern).

1920 ›Gedichte des Malers‹. Zehn Gedichte mit farbigen Zeichnungen, erschienen im Verlag Seldwyla, Bern.
›Klingsors letzter Sommer‹, Erzählungen, erschienen bei S. Fischer, Berlin.
›Wanderung‹, Aufzeichnungen mit farbigen Bildern vom Verfasser, erschienen bei S. Fischer, Berlin.

1921 ›Blick ins Chaos‹, zwei Dostojewski-Essays und ein Sprechstück, erschienen im Verlag Seldwyla, Bern.
›Ausgewählte Gedichte‹, erschienen bei S. Fischer, Berlin. Krise mit fast anderthalbjähriger Unproduktivität zwischen der Niederschrift des ersten und des zweiten Teils des ›Siddhartha‹. Psychoanalyse bei C. G. Jung in Küsnacht bei Zürich.
›Elf Aquarelle aus dem Tessin‹, erschienen bei O. C. Recht, München.

1922 ›Siddhartha. Eine indische Dichtung‹, erschienen bei S. Fischer, Berlin.

1923 ›Sinclairs Notizbuch‹, erschienen bei Rascher, Zürich. Erster Kuraufenthalt in Baden bei Zürich, wo er sich fortan (bis 1952) am Ende jedes Jahres aufhält.

1924 Hesse wird wieder Schweizer Staatsbürger.
Eheschließung mit Ruth Wenger, Tochter der Schriftstellerin Lisa Wenger.
›Psychologia Balnearia oder Glossen eines Badener Kurgastes‹ erscheint als Privatdruck; ein Jahr später als erster Band in der Ausstattung der ›Gesammelten Werke in Einzelausgaben‹ u. d. T.:

1925 ›Kurgast‹ bei S. Fischer, Berlin.

1926 ›Bilderbuch‹, Schilderungen, erschienen bei S. Fischer, Berlin. Hesse wird als auswärtiges Mitglied in die Sektion für Dichtkunst der Preußischen Akademie der Künste gewählt, aus der er 1931 austritt: »Ich habe das Gefühl, beim nächsten Krieg wird diese Akademie viel zur Schar jener 90 oder 100 Prominenten beitragen, welche das Volk wieder wie 1914 im Staatsauftrag über alle lebenswichtigen Fragen belügen werden«.

1927 ›Die Nürnberger Reise‹ und
›Der Steppenwolf‹ erscheinen bei S. Fischer, Berlin, gleichzeitig – zum 50. Geburtstag Hesses –, die bis heute unübertroffene Hesse-Biographie von Hugo Ball. Auf Wunsch seiner zweiten Frau, Ruth, Scheidung ihrer 1924 geschlossenen Ehe.

1928 ›Betrachtungen‹ und
›Krisis. Ein Stück Tagebuch‹ erscheinen bei S. Fischer, Berlin, letzteres in einmaliger limitierter Auflage.

1929 ›Trost der Nacht‹. Neue Gedichte, erscheinen bei S. Fischer.
›Eine Bibliothek der Weltliteratur‹ erscheint als Nr. 7003 von Reclams Universalbibliothek, Leipzig.

1930 ›Narziß und Goldmund‹, Erzählung, erscheint bei S. Fischer, Berlin.

1931 Eheschließung mit der Kunsthistorikerin Ninon Dolbin geb. Ausländer aus Czernowitz. Mit ihr bezieht Hesse das von H. C. Bodmer erbaute und ihm auf Lebzeiten zur Verfügung gestellte Haus an der Collina d'Oro in Montagnola.
›Weg nach Innen‹. Vier Erzählungen (›Siddhartha‹, ›Kinderseele‹, ›Klein und Wagner‹, ›Klingsors letzter Sommer‹), erschienen bei S. Fischer, Berlin.

1932 ›Die Morgenlandfahrt‹ erscheint bei S. Fischer, Berlin.

1932-1943 Entstehung des ›Glasperlenspiels‹.

1933 ›Kleine Welt‹ (Erzählungen aus ›Nachbarn‹, ›Umwege‹ und ›Aus Indien‹ leicht bearbeitet) erscheint bei S. Fischer, Berlin.

1934 ›Vom Baum des Lebens‹. Ausgewählte Gedichte, erscheinen im Insel Verlag, Leipzig.

1935 ›Fabulierbuch‹, Erzählungen, erscheint bei S. Fischer, Berlin.

1936 ›Stunden im Garten.‹ Eine Idylle, erscheint bei Gottfried Bermann Fischer, Wien.

1937 ›Gedenkblätter‹ und
›Neue Gedichte‹ erscheinen bei S. Fischer, Berlin.
›Der lahme Knabe‹, ausgestattet von Alfred Kubin, erscheint als Privatdruck in Zürich.

1939-1945 gelten Hesses Werke in Deutschland für unerwünscht.

›Der Steppenwolf‹, ›Betrachtungen‹ u. ›Narziß und Goldmund‹ können nicht mehr nachgedruckt werden. Insgesamt waren während der Jahre 1933-1945 in Deutschland 20 Hessetitel (einschließlich der Nachdrucke) erhältlich, die im Verlauf der zwölf Jahre eine Gesamtauflage von 481 Tsd. Exemplaren erreichten (eine Auflage, die etwas unter der allein 1972 im deutschen Sprachraum verkauften Zahl der Hesse-Ausgaben liegt), wobei allerdings 250 Tsd. auf das 1943 erschienene Reclam-Bändchen »In der alten Sonne« und 70 Tsd. auf die kleine, 1934 in der Insel-Bücherei erschienene Gedichtauswahl ›Vom Baum des Lebens‹ entfielen. Die ›Gesammelten Werke in Einzelausgaben‹ werden deshalb in der Schweiz, im Verlag Fretz & Wasmuth, fortgesetzt.

1942 ›Die Gedichte‹, erste Gesamtausgabe von Hesses Lyrik, erscheinen bei Fretz & Wasmuth, Zürich.

1943 ›Das Glasperlenspiel. Versuch einer Lebensbeschreibung des Magister Ludi Josef Knecht samt Knechts hinterlassenen Schriften. Herausgegeben von Hermann Hesse‹, erscheint bei Fretz & Wasmuth, Zürich

1945 ›Der Blütenzweig‹. Eine Auswahl aus den Gedichten; und
›Bertold‹. Ein Romanfragment; und
›Traumfährte‹. Neue Erzählungen und Märchen, erscheinen bei Fretz & Wasmuth, Zürich.

1946 ›Krieg und Frieden‹. Betrachtungen zu Krieg und Politik seit dem Jahr 1914, erscheint bei Fretz & Wasmuth, Zürich. Danach erscheinen die Werke Hesses wieder in Deutschland, zunächst im »Suhrkamp Verlag vorm. S. Fischer«, seit 1951 im Suhrkamp Verlag, Frankfurt am Main.
Goethe-Preis der Stadt Frankfurt am Main.
Nobelpreis.

1951 ›Späte Prosa‹ und
›Briefe‹ erscheinen bei Suhrkamp, Frankfurt am Main.

1952 ›Gesammelte Dichtungen‹ in sechs Bänden als Festgabe zum 75. Geburtstag erscheinen bei Suhrkamp, Frankfurt am Main.

1954 ›Piktors Verwandlungen‹. Ein Märchen, faksimiliert, erscheint bei Suhrkamp, Frankfurt am Main.
›Briefe: Hermann Hesse-Romain Rolland‹ erscheinen bei Fretz & Wasmuth, Zürich.

1955 ›Beschwörungen‹, Späte Prosa/Neue Folge bei Suhrkamp, Frankfurt a. M.
Friedenspreis des Deutschen Buchhandels.

1956 Stiftung eines Hermann-Hesse-Preises durch die Förderungsgemeinschaft der deutschen Kunst Baden-Württemberg e. V.

1957 ›Gesammelte Schriften‹, in sieben Bänden, erscheinen bei Suhrkamp, Frankfurt am Main.

1961 ›Stufen‹, alte und neue Gedichte in Auswahl, erscheinen bei Suhrkamp, Frankfurt am Main.

1962 ›Gedenkblätter‹ (um fünfzehn Texte erweitert gegenüber der 1937 erschienenen Ausgabe).
9. August: Tod Hermann Hesses in Montagnola.

1962 ›Hermann Hesse zum Gedächtnis‹, Privatdruck des Suhrkamp Verlags, Frankfurt am Main.
›Hermann Hesse. Eine Bibliographie‹ von Helmut Waibler erscheint im Francke Verlag, Bern und München.

1963 ›Die späten Gedichte‹ erscheinen als Band 803 der Insel-Bücherei des Insel Verlags, Wiesbaden.

1964 ›Briefe‹. Erweiterte Ausgabe, erscheinen bei Suhrkamp, Frankfurt am Main.

1965 ›Prosa aus dem Nachlaß‹, erschienen bei Suhrkamp,
›Neue deutsche Bücher‹, Literaturberichte für Bonniers Litterära Magasin 1935 bis 1936, erschienen in der Turmhahn-Bücherei des Schiller-Nationalmuseums, Marbach.

1966 ›Kindheit und Jugend vor Neunzehnhundert. Hermann Hesse in Briefen und Lebenszeugnissen 1877 bis 1895‹ erschienen im Suhrkamp Verlag, Frankfurt am Main.

1968 ›Hermann Hesse – Thomas Mann. Briefwechsel‹, erschienen im Suhrkamp und im S. Fischer Verlag, Frankfurt am Main.

1969 ›Hermann Hesse – Peter Suhrkamp, Briefwechsel‹ erschienen im Suhrkamp Verlag, Frankfurt am Main.

1970 ›Hermann Hesse – Werkausgabe‹,
›Politische Betrachtungen‹
und ›Schriften zur Literatur‹, erschienen im Suhrkamp Verlag, Frankfurt am Main.

1971 ›Hermann Hesse – Helene Voigt-Diederichs. Zwei Autorenportraits in Briefen‹, erschienen bei Diederichs, Köln, als Privatdruck in einmaliger Auflage.

›Lektüre für Minuten‹, Gedanken aus seinen Büchern und Briefen;
›Mein Glaube‹. Eine Dokumentation und
›Hermann Hesse – Sprechplatte‹, erschienen bei Suhrkamp, Frankfurt am Main.

1972 ›Eigensinn‹. Autobiographische Schriften.
›Materialien zu Hermann Hesse, Der Steppenwolf‹ erschienen bei Suhrkamp, Frankfurt am Main.
›D'une rive à l'autre. Hermann Hesse et Romain Rolland. Correspondance, fragments du Journal et textes divers‹ erschienen bei Albin Michel, Paris.
›Hermann Hesse – Karl Kerényi. Briefwechsel aus der Nähe‹, erschienen bei Langen-Müller, München u. Wien.

1973 ›Gesammelte Briefe, erster Band: 1895 bis 1921‹
›Die Kunst des Müßiggangs‹. Kurze Prosa aus dem Nachlaß,
›Die Erzählungen‹, erste Gesamtausgabe der wichtigsten Erzählungen,
›Materialien zu Hermann Hesse, Das Glasperlenspiel‹, Bd. 1, erschienen bei Suhrkamp, Frankfurt am Main.
›Hermann Hesse, Traktat vom Steppenwolf und andere Texte‹, Sprechplatte der Deutschen Grammophon-Gesellschaft, Hamburg.
›Hermann Hesse und der Ferne Osten‹, erschienen bei Büchergilde Gutenberg, Frankfurt am Main.
›Hermann Hesse-Bibliographie; Primär- und Sekundärschrifttum in Auswahl‹ von Martin Pfeifer erscheint im Erich Schmidt Verlag, Berlin.
›Hermann Hesse, eine Werkgeschichte‹, erschienen bei Suhrkamp, Frankfurt am Main.

1974 ›Hermann Hesse, Leben und Werk im Bild‹ von Volker Michels, insel-taschenbuch 36
›Materialien zu Hermann Hesse, Das Glasperlenspiel‹ Bd. 2
›Hermann Hesse und China‹ von Adrian Hsia, erschienen bei Suhrkamp, Frankfurt am Main.
›Kindheit des Zauberers‹ illustriert von Peter Weiss, insel taschenbuch.
›Begegnungen mit Hermann Hesse‹ von Siegfried Unseld bei Suhrkamp, Frankfurt am Main.

Hermann Hesse
Die Erzählungen

Sonderausgabe in zwei Bänden. Herausgegeben von Volker Michels. 1020 Seiten
Erstmals gesammelt und um 12 unbekannte Erzählungen aus dem Nachlaß ergänzt.

Die Erzählungen Hermann Hesses, hier erstmals zusammengefaßt und in chronologischer Folge geordnet, bekräftigen sinnfällig die Feststellung Thomas Manns: »Deutscheres gibt es nicht als diesen Dichter und das Werk seines Lebens – nichts, das deutscher wäre im alten, frohen, freien und geistigen Sinn, dem der deutsche Name seinen besten Ruhm, dem er die Sympathie der Menschheit verdankt.« Zwar waren Hesses große Erzählungen, *Knulp, Der Steppenwolf, Narziß und Goldmund, Die Morgenlandfahrt,* von jeher bekannt und beachtet, doch die zahlreichen, nicht als Einzelausgaben erschienenen kürzeren Erzählungen sind unbekannter geblieben. In Sammelbänden verstreut, waren sie schwerer zugänglich und nicht als Gesamtheit überschaubar.
Die ersten dieser in fünf Jahrzehnten entstandenen Erzählungen stammen aus dem Jahre 1903, die letzte wurde 1953 geschrieben. Sie zeigen den Weg und die Entwicklungen eines Epikers, dessen wohltuend unheldische Helden vor alltäglich-unscheinbarem Hintergrund in immer neuen Brechungen die ganze Vielfalt menschlicher Psyche und Verhaltensweisen spiegeln. Nicht unerhörte Begebenheiten, sondern das Unerhörte der alltäglichen Begebenheiten kommt hier zu Wort. Denn so vertraut die Schauplätze anmuten, die Konflikte, die dort ausgetragen und festgehalten werden, wachsen weit über das Lokale hinaus. Der Mikrokosmos des scheinbar Provinziellen und Individuellen verweist vom Detail auf das Ganze. Dabei bedeutet die Lektüre dieser Erzählungen nicht Arbeit, sondern Regeneration. »Denn Hesse kann«, schrieb Kurt Tucholsky, »was nur wenige können. Er kann einen Sommerabend und ein erfrischendes Schwimmbad und die schlaffe Müdigkeit nach körperlicher Anstrengung nicht nur schildern – das wäre nicht schwer. Aber er kann machen, daß uns heiß und kühl und müde ums Herz ist.«

Hermann Hesse
in den suhrkamp taschenbüchern

Lektüre für Minuten. Gedanken aus seinen Büchern und Briefen. Ausgewählt von Volker Michels. Band 7, 240 S.

Unterm Rad. Erzählung. Band 52, 420 S.

Materialien zu Hermann Hesse, »Der Steppenwolf«. Herausgegeben von Volker Michels. Band 53, 380 S.

Das Glasperlenspiel. Band 79, 618 S.

Materialien zu Hermann Hesse, »Das Glasperlenspiel«, Teil I: Texte von Hermann Hesse. Herausgegeben von Volker Michels. Band 80, 390 S.

Die Kunst des Müßiggangs. Kurzprosa aus dem Nachlaß. Herausgegeben von Volker Michels. Band 100, 378 S.

Materialien zu Hermann Hesse, »Das Glasperlenspiel«, Teil II: Texte über das Glasperlenspiel. Herausgegeben von Volker Michels. Band 108, 378 S.

Klein und Wagner. Erzählung. Band 116, 112 S.

Peter Camenzind. Erzählung. Band 161, 164 S.

Der Steppenwolf. Band 175, 120 S.

Siddhartha. Eine indische Dichtung. Band 182, 237 S.

Demian. Die Geschichte von Emil Sinclairs Jugend. Band 206, 266 S.

Ausgewählte Briefe. Band 211, 576 S.

Die Nürnberger Reise. Band 227, 84 S.

Lektüre für Minuten. Neue Folge. Gedanken aus seinen Büchern und Briefen. Ausgewählt von Volker Michels. Band 240, 224 S.

SLZ – Suhrkamp Literatur Zeitung

Der Steppenwolf. Nr. 1, Januar 1975

Hermann Hesse
in der Bibliothek Suhrkamp

Die Morgenlandfahrt. Erzählung. Band 1, 124 S.

Narziß und Goldmund. Erzählung. Band 65, 320 S.

Knulp. Drei Geschichten aus dem Leben Knulps. Band 75, 128 S.

Demian. Die Geschichte von Emil Sinclairs Jugend. Band 95, 214 S.

Der vierte Lebenslauf Josef Knechts. Zwei Fassungen. Band 181, 164 S.

Der Steppenwolf. Roman. Band 226, 240 S.

Siddhartha. Eine indische Dichtung. Band 227, 136 S.

Politische Betrachtungen. Band 244, 168 S.

Mein Glaube. Betrachtungen. Band 300, 152 S.

Kurgast. Mit den ›Aufzeichnungen von einer Badener Kur‹. Band 329, 136 S.

Stufen. Ausgewählte Gedichte. Band 342, 248 S.

Eigensinn. Autobiographische Schriften. Band 353, 256 S.

Glück. Späte Prosa: Betrachtungen. Band 344, 143 S.

Iris. Ausgewählte Märchen. Band 369, 170 S.

Hermann Hesse – Thomas Mann. Briefwechsel; herausgegeben von Anni Carlsson, erweitert von Volker Michels. Mit einem Vorwort von Theodore Ziolkowski. Band 441, 338 S.

Wanderung. Aufzeichnungen mit 14 farbigen Bildern des Verfassers. Band 444, 144 S.

Gesammelte Schriften in Einzelausgaben

Beschwörungen; Bilderbuch; Briefe; Das Glasperlenspiel; Der Steppenwolf; Diesseits; Erzählungen; Kleine Welt; Fabulierbuch; Frühe Prosa; Gedenkblätter; Gertrud; Knulp; Krieg und Frieden; Kurgast; Die Nürnberger Reise; Märchen; Narziß und Goldmund; Peter Camenzind; Prosa aus dem Nachlaß; Roßhalde; Schriften zur Literatur; Siddhartha; Traumfährte; Unterm Rad.

Briefe

Kindheit und Jugend vor Neunzehnhundert. Hermann Hesse in Briefen und Lebenszeugnissen 1877–1894; herausgegeben von Ninon Hesse

Hermann Hesse, Gesammelte Briefe, 1895–1921. Unter Mitwirkung von Heiner Hesse; herausgegeben von Ursula und Volker Michels

Briefe. 2. erweiterte Ausgabe

Hermann Hesse – Peter Suhrkamp. Briefwechsel 1945 bis 1959; herausgegeben von Siegfried Unseld

Über Hermann Hesse

Dank an Hermann Hesse. Reden und Aufsätze

Hermann Hesse – Eine Chronik in Bildern; herausgegeben von Bernhard Zeller

Hugo Ball: Hermann Hesse. Sein Leben und sein Werk

Emmy Ball-Hennings: Briefe an Hermann Hesse

Adrian Hsia: Hermann Hesse und China

Siegfried Unseld: Hermann Hesse, eine Werkgeschichte

Siegfried Unseld: Begegnungen mit Hermann Hesse

Sonderausgaben

Hermann Hesse, Die Erzählungen

Hermann Hesse, Weg nach Innen

Hermann Hesse, Schriften zur Literatur, 2 Bde.

insel taschenbuch

Hermann Hesse, Leben und Werk im Bild. Von Volker Michels. Hermann Hesse, Kindheit des Zauberers. Ein autobiographisches Märchen. Illustriert und mit einer Nachbemerkung von Peter Weiss.

Pictors Verwandlungen. Mit einem Nachwort von Volker Michels.

Alphabetisches Gesamtverzeichnis der suhrkamp taschenbücher

Achternbusch, Alexanderschlacht 61
Adorno, Erziehung zur Mündigkeit 11
– Studien zum autoritären Charakter 107
– Versuch, das ›Endspiel‹ zu verstehen 72
– Zur Dialektik des Engagements 134
– Versuch über Wagner 177
Aitmatow, Der weiße Dampfer 51
Alfvén, M 70 – Die Menschheit der siebziger Jahre 34
– Atome, Mensch und Universum 139
Allerleirauh 19
Alsheimer, Vietnamesische Lehrjahre 73
Artmann, Grünverschlossene Botschaft 82
– How much, schatzi? 136
von Baeyer, Angst 118
Bahlow, Deutsches Namenlexikon 65
Becker, Eine Zeit ohne Wörter 20
Beckett, Warten auf Godot (dreisprachig) 1
– Watt 46
– Endspiel (dreisprachig) 171
– Das letzte Band (dreisprachig) 200
Materialien zu Becketts »Godot« 104
Benjamin, Über Haschisch 21
– Ursprung des deutschen Trauerspiels 69
– Der Stratege im Literaturkampf 176
Zur Aktualität Walter Benjamins 150
Bernhard, Das Kalkwerk 128
– Frost 47
– Gehen 5
Bilz, Neue Verhaltensforschung: Aggression 68
Blackwood, Das leere Haus 30
Bloch, Naturrecht und menschliche Würde 49
– Subjekt–Objekt 12
– Vorlesungen zur Philosophie der Renaissance 75
– Atheismus im Christentum 144
Braun, Stücke 1 198
Brecht, Geschichten vom Herrn Keuner 16
– Schriften zur Gesellschaft 199
– Frühe Stücke 201
Bertolt Brechts Dreigroschenbuch 87
Bond, Die See 160
Broch, Barbara 151
– Die Schuldlosen
Broszat, 200 Jahre deutsche Polenpolitik 74
Buono, Zur Prosa Brechts. Aufsätze 88
Butor, Paris–Rom oder Die Modifikation 89
Chomsky, Indochina und die amerikanische Krise 32
– Kambodscha Laos Nordvietnam 103
– Über Erkenntnis und Freiheit 91
Conrady, Literatur und Germanistik als Herausforderung 214
Dedecius, Überall ist Polen 195
Der andere Hölderlin. Materialien zum »Hölderlin«-Stück von Peter Weiss 42
Der Friede und die Unruhestifter 145
Dolto, Der Fall Dominique 140
Döring, Perspektiven einer Architektur 109
Duddington, Baupläne der Pflanzen 45
Duke, Akupunktur 180

Duras, Hiroshima mon amour 112
Eich, Fünfzehn Hörspiele 120
Eliot, Die Dramen 191
Zur Aktualität T. S. Eliots 222
Enzensberger, Gedichte 1955–1970 4
Ewald, Innere Medizin in Stichworten I 97
– Innere Medizin in Stichworten II 98
Ewen, Bertolt Brecht 141
Fallada/Dorst, Kleiner Mann – was nun? 127
Freisprüche. Revolutionäre vor Gericht 111
Frijling-Schreuder, Wer sind das – Kinder? 119
Frisch, Dienstbüchlein 205
– Stiller 105
– Stücke 1 70
– Stücke 2 81
– Wilhelm Tell für die Schule 2
Frischmuth, Amoralische Kinderklapper 224
Fromm/Suzuki/de Martino, Zen-Buddhismus und Psychoanalyse 37
Fuchs, Todesbilder in der modernen Gesellschaft 102
García Lorca, Über Dichtung und Theater 196
Gibson, Lorcas Tod 197
Glozer, Kunstkritiken 193
Goldstein, A. Freud, Solnit, Jenseits des Kindeswohls 212
Goma, Ostinato 138
Gorkij, Unzeitgemäße Gedanken über Kultur u. Revolution 210
Grossmann, Ossietzky. Ein deutscher Patriot 83
Habermas, Theorie und Praxis 9
– Kultur und Kritik 125
Habermas/Henrich, Zwei Reden 202
Hammel, Unsere Zukunft – die Stadt 59
Handke, Chronik der laufenden Ereignisse 3
– Der kurze Brief 172
– Die Angst des Tormanns beim Elfmeter 27
– Ich bin ein Bewohner des Elfenbeinturms 56
– Stücke 1 43
– Stücke 2 101
– Wunschloses Unglück 146
– Die Unvernünftigen sterben aus 168
– Als das Wünschen noch geholfen hat 208
Henle, Der neue Nahe Osten 24
Hentig, Magier oder Magister? 207
Hermlin, Lektüre 1960–1971 215
Hesse, Glasperlenspiel 79
– Klein und Wagner 116
– Kunst des Müßiggangs 100
– Lektüre für Minuten 7
– Unterm Rad 52
– Peter Camenzind 161
– Der Steppenwolf 175
– Siddhartha 182
– Demian 206
– Nürnberger Reise 227
– Ausgewählte Briefe 211
– Eine Werkgeschichte von Siegfried Unseld 143
Materialien zu Hesses »Glasperlenspiel« 80
Materialien zu Hesses »Steppenwolf« 53
Hobsbawm, Die Banditen 66
Hortleder, Fußball 170
Horváth, Der ewige Spießer 131
– Ein Kind unserer Zeit 99
– Jugend ohne Gott 17
– Leben und Werk in Dokumenten und Bildern 67
– Sladek 163
Hudelot, Der Lange Marsch 54
Jakir, Kindheit in Gefangenschaft
Johnson, Mutmaßungen über Jakob 147
– Das dritte Buch über Achim 169
– Eine Reise nach Klagenfurt 235

Jonke, Im Inland und im Ausland auch 156
Kästner, Offener Brief an die Königin von Griechenland. Beschreibungen, Bewunderungen 106
Kardiner/Preble, Wegbereiter 165
Kaschnitz, Steht noch dahin 57
Katharina II. in ihren Memoiren 25
Kluge, Lebensläufe. Anwesenheitsliste für eine Beerdigung 186
Koch, See-Leben I 132
Koeppen, Das Treibhaus 78
– Nach Rußland und anderswohin 115
– Romanisches Café 71
Koestler, Der Yogi und der Kommissar 158
– Die Wurzeln des Zufalls 181
Kracauer, Die Angestellten 13
– Kino 126
Kraus, Magie der Sprache 204
Krolow, Ein Gedicht entsteht 95
Kühn, N 93
– Siam-Siam 187
Lagercrantz, China-Report 8
Lander, Ein Sommer in der Woche der Itke K. 155
Laxness, Islandglocke 228
Lem, Solaris 226
Lepenies, Melancholie und Gesellschaft 63
Lévi-Strauss, Rasse und Geschichte 62
– Strukturale Anthropologie 15
Lidz, Das menschliche Leben 162
Lovecraft, Cthulhu 29
– Berge des Wahnsinns 220
Malson, Die wilden Kinder 55
Martinson, Die Nesseln blühen 279
– Der Weg hinaus 281
Mayer, Georg Büchner und seine Zeit 58
McHale, Der ökologische Kontext 90
Melchinger, Geschichte des politischen Theaters 153, 154
Miłosz, Verführtes Denken 278
Minder, Dichter in der Gesellschaft 33
Mitscherlich, Massenpsychologie ohne Ressentiment 76
– Thesen zur Stadt der Zukunft 10
– Toleranz – Überprüfung eines Begriffs 213
Mitscherlich (Hg.), Bis hierher und nicht weiter 239
Muschg, Liebesgeschichten 164
Myrdal, Politisches Manifest 40
Nachtigall, Völkerkunde 184
Norén, Die Bienenväter 117
Nossack, Spirale 50
– Der jüngere Bruder 133
– Die gestohlene Melodie 219
Nossal, Antikörper und Immunität 44
Olvedi, LSD-Report 38
Penzoldts schönste Erzählungen 216
Plenzdorf, Die Legende von Paul & Paula 173
Plessner, Diesseits der Utopie 148
Portmann, Biologie und Geist 124
Psychoanalyse und Justiz 167
Rathscheck, Konfliktstoff Arzneimittel 189
Reik, Der eigene und der fremde Gott 221
Reiwald, Die Gesellschaft und ihre Verbrecher 130
Riedel, Die Kontrolle des Luftverkehrs 203
Riesman, Wohlstand wofür? 113
– Wohlstand für wen? 114
Rilke, Material. zu »Malte« 174
– Materialien zu »Cornet« 190
Russell, Autobiographie I 22
– Autobiographie II 84
– Autobiographie III 192
Sames, Die Zukunft der Metalle 157

Shaw, Die Aussichten des Christentums 18
- Der Sozialismus und die Natur des Menschen 121
Simpson, Biologie und Mensch 36
Sperr, Bayrische Trilogie 28
Steiner, In Blaubarts Burg 77
- Sprache und Schweigen 123
Sternberger, Panorama oder Ansichten vom 19. Jahrhundert 179
Stuckenschmidt, Schöpfer der neuen Musik 183
Swoboda, Die Qualität des Lebens 188
Szabó, I. Moses 22 142
Terkel, Der Große Krach 23
Unseld, Hermann Hesse. Eine Werkgeschichte 143
- Begegnungen mit Hermann Hesse 218
Unseld (Hg.), Wie, warum und zu welchem Ende wurde ich Literaturhistoriker? 60
- Bertolt Brechts Dreigroschenbuch 87
- Zur Aktualität Walter Benjamins 150
Unterbrochene Schulstunde. Schriftsteller und Schule 48
Waley, Lebensweisheit im Alten China 217
Walser, Das Einhorn 159
- Gesammelte Stücke 6
- Halbzeit 94
Weber-Kellermann, Die deutsche Familie 185
Weiss, Das Duell 41
- Rekonvaleszenz 31
Materialien zu Weiss' »Hölderlin« 42
Wendt, Moderne Dramaturgie 149
Wer ist das eigentlich – Gott? 135
Werner, Wortelemente lat.-griech. Fachausdrücke in den biologischen Wissenschaften 64
Werner, Vom Waisenhaus ins Zuchthaus 35
Wilson, Auf dem Weg zum Finnischen Bahnhof 194
Wittgenstein, Philosophische Untersuchungen 14
Wolf, Punkt ist Punkt 122
Zivilmacht Europa – Supermacht oder Partner? 137